給鳳愛

前言

生活在前進的節奏愈演愈急促的時代裏，奔波在四周的面貌愈變愈陌生的世界之中，我們絕大多數的人很容易不由自主地追逐着適應時代的潮流，容易不加思索無暇選擇地忙於捕捉這個世界那瞬息萬變的新穎事物；很少有人能够停落脚步，暫時抽身於時代的洪流之外，獨立於世界變幻的現象之中，回顧我們文明發跡的歷史規律，體會提高生命素質的哲學思想。慢慢地，我們習慣於全心全力照料每日例行的工作和事務，一心一意顧慮眼前生活的利害與得失，不知不覺地，我們逐漸遠離一種可以世代交遞的哲學的智慧和能够古今輝映的歷史的聰明。

我們這個時代是一個科技的時代。科技時代的來臨使成千成萬的人慢慢變成命運的侏儒，而不是創世的巨人——我們既不能洞悉自己的前景，又無法控制自己的命運。那些不論我們想要或者不想要的諸多建構和力量，愈來變得愈龐大，壓覆在無數的渺小的個體之上，令人無法喘息，不能透氣；而無數個人不斷的群體蠕動，不管我們喜不喜歡，又進一步使那些建構愈變愈複雜，使那份力量愈演愈壯大。散落的個人幾乎變得愈來愈乏力，愈來愈無望，愈來愈不得不依從時代的潮流，逆來順受地加入茫茫人海和漠漠大衆的行列。

我們身邊總是堆積着解決不完的問題，我們的周圍也總是充滿着享用不盡的事物的誘惑。在五光十色的變幻之中，我們成了耳聾目盲；在萬般千種的事件流轉之間，我們變得心慌意亂。我們無暇安靜地停頓下來，上下古今左右四周仔細思索和觀看——即使有人暫時停下步伐，思想觀望，也顯得力不從心，束手無策。

應付眼前的難關是人類自古以來連緜不絕的最大挑戰，解決每日生活的事務是個人不可廻避的沉重責任；可是怎樣促使個人的目光突出自己狹小的層層利害圈限的迷霧，放眼社會，甚至體察世界人類彼此的前途，不在或顯或隱的短淺眼界之中和有意無意的自私行爲之內，只因爲了要擺脫眼前的困難，不惜臨急求變，盲目應付，以致阻礙了人類比較光明的道路，歪曲了我們文明進步的方向。這是我們的時代和我們的社會的最大難題。

個人的力量的確是渺小的，但是只有在人們烏合散落的情況下，他們的力量才眞正是渺小的；個人的意志的確是薄弱的，可是也只有在人們缺乏道德自覺和沒有價值意識的情況下，他們的意志才眞正是薄弱的。在一個前途迷濛的時代，我們正需要努力喚醒人們的道德自覺和價值意識，鼓勵大家看清生活的目的和生命的意義，使人類的活動不但具有動能和活力，而且還有不可或缺的目的與理想。

人類往往需要在辛苦的經驗之中記取生命的教訓，不能只在空幻的想像裏，決定自己將來的命運。同樣地，人類需要在道德價值的深思遠慮之下，決定未來進步的方向，不能只在權宜方便的捷徑裏，隨意踐踏出一條不知通往那裏的路——人類需要哲學的智慧，人類需要歷史的聰明。

「哲學的智慧與歷史的聰明」所收集的，是作者在最近兩年之間所發表的作品。它們代表作者對於這個時代的一些聲音。現在將它們收集付印，希望能夠引起讀者類似的廻響。

一九八三年元月十八日於香港

哲學的智慧與歷史的聰明 目次

哲學的智慧與歷史的聰明

我們每一個人都站在一個歷史的定點上，信持着某一種生命的智慧和人生的理想。

從我們所站的定點，我們可以左右張望，放眼四方，觀看我們附近鄰人的作爲和時代同類的表現，進而思索研判，決策行爲；我們也可以追古思昔，緬懷先人，體察我們所繼承的文化傳統，感受在我們生命中跳動的歷史脈搏，從而體認我們的負欠和我們的責任；同樣的，我們也可以展望將來，設想世界明日的造型，臆測人類將有的命運，進而決定我們在人類進化的過程中，所要扮演的角色。當然，我們也可以對宇宙萬物全不關切，對上下古今了無牽掛，一心只顧自己的存在，雙眼只注視自己在泥土上所投下的暗影。

嚴格說來，一個人若眞正只知自己的存在，而完全忽視古今上下的規律和前後左右的眞實，那麼最後他終會淪爲閉封緊縮的自我，變成斷裂無根的存在。他只能把握瞬息片刻的感覺，而無法開啓延綿不斷的生命體驗。正好像無數隔離的水滴並不成爲洶湧澎湃的汪洋一樣，一堆散漫的感覺經驗，也不自動構成一個有意義有目的的生命整體。

從另外一個層次看，一顆細小的沙粒本身並沒有標定它是沙漠的一部份，或是海灘的一部份；更沒有標明他是戈壁的一部份，或是撒哈拉的一部份；同樣的，一個無根的生命形式本身也沒有顯示他是不是一個文明人，是不是一個中國人，或者是不是一個二十世紀的人；更沒有顯明他是不是一個有志之士，是不是一個有識之士，是不是一個有情之士。

做爲一個知識份子，做爲一個對歷史文化有關懷有存心的人，我們顯然不滿意於一種沒有目的沒有意義的生命存在。我們都要追問人生的意義，都希望擁有一個有意義有價值的生命，並且希望進一步貢獻這樣的生命，去成就我們的理想，去開闢我們的希望。當我們這樣追問價值和追求意義的時候，我們顯然就不能只是在散漫離斷和卽刻瞬息的感覺之中，去設想，去追問，去尋求。

要尋求生命的意義問題，我們可以採取不同的角度，藉着追問不同的問題出發，然後殊途同歸地收斂到意義與價值的問題上面。現在我們所要採取的，是其中一種探討的方向。

讓我們首先這樣設想：我們的人生蘊藏着多麼廣大無比的可能性：我們可以潔身自愛，立志自許，也可以罔顧天良，自暴自棄；我們可以本乎善良一念，發揚人性當中的光明正面，也可以把持邪惡之心，煽起生命中間的黑暗負面；我們可以大公無私，也可以自私自利；我們可以堅守原則，也可以投機取巧；我們可以在屠刀之前，也要講究仁義，也可以必須先求溫飽，然後才知榮辱；我們可以活得像神靈，我們也可以活得像禽獸；我們的生命可以只是像一顆塵沙，因風揚起，在半空中似飛似舞，可是轉眼之間，又無聲無息地飄落到沉靜的大地上，沒有人懷念，沒有人欣賞，沒有人感動，沒有人嚮往。相反地，我們也可以活得超凡脫俗——超脫那有限的時空的限制，抽離這有形的軀殼的束縛，令自己的生命上通古人，下達來世，活在延綿不斷的巨大的歷史的洪流裡，使我們的努力，變成他人生命的鼓舞；將我們的成就，變作後人生命的榜樣；把我們的生命，化成無數晚來的生命的熱力與能源。生之有限，生之無窮；生命的低微，生命的崇高；人生的虛幻，人生的價值；一個人的渺小，一個人的偉大，其差別不就在這裡嗎？

我們每一個人都活在歷史的浪潮裡，我們每一個人都活在文化的傳統之中。我們承受着先人的遺產和遺教，我們接受了他人的贈與和啓發。可是由於我們疏於省察，不慣反省，往往誤將自己看成是個圓滿無缺，獨立自足的個體。我們甚至進一步不自覺地將自己的存在看成是最眞實最重要的存在，有時甚至把自己當做是唯一可貴，唯一可加以信賴的存在。我們相信自己的感覺，珍惜自己的感覺；看重自己的軀體，保愛自己的軀體；追求自己的享受，沉迷於自己的享受；發展自己的利益，維護自己的利益；闡揚自己的立場，堅持自己的立場……。這些不一而足，以自我爲中心，以一己爲重點的態度和作爲，如果不在歷史與文化的精神之有力感召之下，如果不在個人深思反省，知恩追遠，含情圖報的心懷與動機的驅策之下，往往導致不平衡不健全的社會發展，養成絕情自私，無心無意的生命存在。只要我們稍不警覺，我們就很容易誤以爲自己好似獨立自足，圓滿多能。可是如果我們細心追想，我們就不難發覺，在我們的生命裡有多少的電，有多少的光，有多少的熱，有多少的能，有多少的力量，是得自古來人類不斷辛苦經營，有心栽植的結果。我們並不是生來就有能力，有見識，有心懷去造就自己。歷史先造就我們，文化先造就我們，社會先造就我們，他人先造就我們。等到我們羽毛豐滿，肢體健壯，知識增進，見識廣濶，意志堅定，感情優美之後，對自己的生命有了一份不可動搖的信念和自許，對他人的命運產生一份深切的關懷與同情，對社會熱情殷望，對文化眞心嚮往，對歷史含情寄許，這時我們才可望回過頭來造就他人，回過頭來造就社會，回過頭來造就文化，回過頭來造就歷史。

所以，回顧歷史，追溯它過往的道路與軌跡；設想歷史，關懷它將來的發展和方向，這是我們反看自己的人生意義的有益窗口，也是我們標定自己的生命價值的良好指標。

時間本身並不涵藏着智慧，但是那些——即使是少數有心有意有情有識的人類，在歲月裡的經營、奮鬥與掙扎，却爲我們展露了一種可貴的胸懷和智慧，爲我們標示了一種生命的價值和理想。我們如果能够在自己有限的生命之中，體認到自己與他人的關聯，認清自己在社會上的地位，瞭解自己在歷史文化裡所可望扮演的角色和發揮的力量，我們就有希望超脫自己有限的生命形式，將我們的聰明才智和感情意念溶滙在歷史文化的成長和演進的長遠大流之中。我們的人生有限，但是我們的生命却可以無窮；我們活在時空的限制裡，可是我們却可以超脫時空的限制，在人類的過去與未來之間，建立起一道有意義有目的有指向有價值的橋樑。

所以，我們顯然不可以只將歷史放在記述描繪的層面上來觀看——即使是有系統的記述描繪都仍然不足以成事。我們必須能够辨認在歷史的洪流之中，與我們的心志和情懷一脈相通的波濤，指認與我們心心相印，肝膽相照的星光。這樣我們才能够將自己的生命和歷史上其他不計其數的生命，指認等同，交會互通；我們也才能跨乘這些歷史的浪濤，開啓後來的浪；吸取那些星光，點燃出更多更大的明亮。使那些波濤成爲洶湧澎湃，激盪不已的生命浪潮；使那些星光變成閃爍不已，照暖心靈的光芒。從這個觀點看，此時此刻固然普遍存在着跳動不已的歷史脈搏；展望將來，歷史也絕不只是呈現出一片茫然不定和驚慌無助的紛亂場面；不但如此，事實上就是歷史的過去也不再只是一條乾涸的生命冰河——只靜靜地擺放着生命死亡的遺跡。人類的將來會因我們的努力而呈現出一片美好的景象，同樣的，人類的歷史過去也會因爲我們的指認和再指認，認同和重新認同而推陳出新，重新展露出一片生機來。古人因我們而復活，陳舊因我們而再生。我們在現在的境遇裡自強不息，我們使將來的生命充滿希望，我們也可以令過去的歷史文化生息不朽。這是生命中有限與無限之分，瞬息和永恆之別，也是人生意義的基礎和生命價值的憑藉。這是在我心目中，我們應該努力去開拓的歷史的聰明。

可是正好像一切人間的聰明一樣，歷史的聰明也有大聰明與小聰明之分，有眞聰明與假聰明之別。

我們在前面說過，我們的生命涵藏着絕大的可能性；在我們人生的面前，存在着幾乎無窮多的路。如果我們不能以崇高做目標，而只以乖巧做鵠的；如果我們不能以聖賢做模範，而只以宵小做榜樣；如果我們不能以善良做南針，而只以邪妄做導引；如果我們不能以道義做指標，而只以功利做方向；如果我們不能以眞理做依歸，而只以實用做尺度……；那麼我們也何嘗不能煽動人心，製造現象，利用人性的弱點，經營個人的私利。可是，如果我們這麼做的時候，我們還能談什麼人生的意義？我們還能關心什麼生命的價值？因爲這樣下去，最後我們只能維護我們自己的私情私利，只能關照我們自己的感覺經驗，只能注視自己在泥土上所投下的暗影。我們不但不能對歷史文化有所存心，對社會人群有所關懷，就是對我們自稱親愛，自命關切的子孫後代，實際上也無能爲力；因爲大家的生命最後只是化做散落離斷的存在。

所以站在我們的歷史定點上，我們需要有一份眞切的歷史感——追古思今，展望將來，善用我們所擁有的歷史的聰明；然後才可望激發一份嚴肅的歷史文化的使命感。我們才知道要選擇怎樣去活，選擇我們的生命理想。我們說過，人生不是一條固定的路，人生是一個絕大的可能性。我們對生命做怎樣的自許，在人生裡做怎樣的奮鬥，決定我們怎樣去造就自己；也決定我們對歷史的前人，做出什麼樣的呼應；對後來的生命，留下了什麼樣的榜樣。如果我們不停的只是向地面上注視，我們只看到爬蟲走獸的影子，只有當我們向天上眺望，我們才發現蒼空裡飛鷹的踪跡和星辰的光亮。

努力去追尋歷史的聰明，令我們超脫於個人利害之外，甚至抽離一已生死存亡之念，而投身於人類整個生命的關懷與計慮之中，努力去建立文化的精神內涵和歷史的指導方向。人性的本質就在我們有意的努力之下，演化界定出來；人性的可能也在這樣的過程中，逐漸展露出來。當我們這樣不斷深入追求的時候，我們所關心的已經是生命的內在睿智，而不只是它在歷史上的外表現象。這時，我們所注目的已經是哲學的智慧，而不只是歷史的聰明。

在哲學的智慧裡，我們不再只以曾經閃現過的榜樣，做為我們肯定存在的唯一根據；我們也不再只以歷史上的眞實事跡做爲我們啓發人性的最後憑藉。我們要直接尋求人性的可能，探索價値的內涵，考察知識的基礎，追究形上的根據。這是哲學裡頭高度抽象性的探討，也是純粹理論性的探討。可是它却不是虛無飄渺，空洞無根的概念遊戲；因爲這樣的哲學的尋求，同時也是人類實際生活和理性活動上的基礎性的尋求，本源性的尋求和指導原理的尋求。所以，哲學雖然起於經驗的顧慮，但却超乎經驗的探究；它雖然起於人生裡頭的實際問題，但却超乎這些實際問題本身的考察。也因爲這樣，我們要努力追求哲學的智慧，不只追求歷史的聰明而已。

然而，哲學的智慧亦有大智慧與小智慧之分，眞智慧與假智慧之別。

哲學的智慧既然是生命價值的基礎和人生活動的依據，那麼哲學的探討就必須能夠爲我們的生命標示出價值的理想，爲我們的人生規劃出它的行爲準則與方向。這樣它才能夠進一步充實文化的內涵，引導歷史的方向。一個有智、有識、有情、有意的哲學工作者，因此不能只知照料哲學之中的枝節問題，反而忽略它們所在的廣大脈絡和人生意涵；更不可以迷失在哲學上的專技問題之林，反而不理會哲學在文化上所充當的支撐作用和基礎功能，以及它在歷史上所提供的積極意義和正面價值。不然的話，哲學的活動也就容易流於雕蟲，哲學思索也只不過成了人類知性活動中，可有可無的思想演習以及無關緊要的概念遊戲而已。

一九八一年七月三日完稿於大度山的晨曦裡

（後記：本文係作者於七月三日在『中國文化研討會』上的演講內容。該會由東海大學哲學系所主辦。）

領袖之見識與心境

從平日的觀察體驗，我們知道有些人善於領導別人，有些人不適宜擔當領導的工作；不但如此，我們也常常批評處於領導地位的人，說某人是個好領袖，另外某人不是。可是，到底什麼樣的人算是善於領導別人的人？什麼樣的領袖算是個好領袖呢？

在中國語文裡，「領袖」本來意指衣領和衣袖，跟着借來指稱那些爲人表率或者受人擁戴的人。這是「領袖」一詞的原初義，也是它的莊重義。可是「領袖」一詞，在現代的中文裡，還有另外的意含，它給人用來泛指任何組織的高層或最高層的領導人物，比如國家的領袖、政黨的領袖以及各種社會組織與社會團體的領袖等等。這是「領袖」一詞的衍生義，也是它的平常義。在語文習慣廣受外文（特別是英文）影響的中國（人的）社會裡——比如在香港和臺灣——這個平常義的應用範圍往往非常廣泛，連極爲基層的組織之領先帶頭的人，我們都常常以「領袖」一詞稱之。比如「學生領袖」或「童軍領袖」等等就是。

爲了方便討論，我們可以將一般我們心目中所謂的領袖，大畧區分爲兩種：有一類的領袖是在某種組織、建制或團體之內，明文規定或清楚設立的領導人。這樣的領袖通常有正式的頭銜或者建制上的稱謂；他們一般來說也有特定的職掌權限和明確的指揮統轄的權力系脈與權力結構。比如充當國家領袖的總統或首相，擔任軍隊指揮的元帥或司令，一直到公司的經理、工廠的廠長、學生會的會長，以及童子軍的小隊長等等，全都屬於這類的領袖。由於他們的職位與權責是在特定的建構和編制裡產生出來的，因此我們可以將這類的領袖，名之爲「建制(上的)領袖」。與此相對地，另外有一類的領袖並不局限在特定的建制或組織之中，充任領導的職務，發揮領導的作用。他們不一定有正式的頭銜或者確定的職掌，可是他們卻可以跨越人爲的組織和建制，產生影響力，甚至向心力。他們受到人們的擁戴和尊重，有時甚至進而代表「社會良心」，充當「萬人表率」。比如，小自地方上的「鄉紳」，社會上的「賢達」，以至不分國界的學術權威和思想先鋒等等，全都屬於這一類的領袖。由於他們的聲名、威望、地位（不是職位）和影響力（不是權力），一般來說，都是憑藉自己在某一特定領域裡的修養和成就，逐步建立，慢慢擴大和加強的；不是依靠人爲的任命、推舉、競選、奪取或自封等等的辦法，一朝一夕之間突然成爲事實的；所以，我們可以將這一類的領袖，稱爲「自然（產生的）領袖」（或「非建制（上的）領袖」）。

表面上看來，建制領袖和自然領袖之間有着極大的差異。比如一個建制領袖在自己所屬的組織建構和權力分佈的網絡之中，往往必須考慮內部利益的保障和機構命脈的維持；因此常常就得在義利之間，做出許多無奈的安排和痛苦的抉擇。必要時，甚至還得犧牲原則，放棄主張。相對地，一個自然領袖通常可以超然於一般的組織和權力之外，去發言立論，倡議宣揚；進而樹立楷模，造成影響；而不必斤斤計較於自己所屬的小團體的立場和自己所在的小圈圈的利益。他可以巍然獨立，放眼大局，一貫遵循自己所信持的原則，徹底維護自己愼思熟慮過的主張。不過，我們也要注意，這兩類的領袖雖然在性質上不同，在關切注目的着重點方面有異，但是兩者並不是因而也就必然互相對立，彼此排斥。相反地，一個人可以成爲盡職優良的建制領袖，同時又是卓然超凡的自然領袖，而不交相牴觸，互起衝突。不僅如此，事實上，一個人必須具備自然領袖的志氣與胸襟，他才可望眞正成爲出類拔萃的建制領袖；假若一個人只是將自己的眼光和心志，永遠自限在組織建構的狹窄格局之間，坐井觀天，自得自滿；那麼他卽使努力不懈，熱心服務，最多也只能成爲一個平平正正，把守一方的單位主管而已。萬一他大意失察，進退無據，躊躇滿志於一隅，浸淫腐化於權力；那麼這樣的建制領袖不僅無法充當他人的楷模與表率，領導部屬進取向上，爲組織建構帶來興盛與開展。相反地，他那狹隘的眼界和庸俗的心志，反而令他的機構萎靡僵化，將衆人帶引到無法創生，甚至面臨危殆的難關之上。文化上的領袖如此，政治上的領袖如此，教育上的領袖如此，工商企業上的領袖又何嘗不是如此。所以，自然領袖是建制領袖的理想和典型。一個有志成爲出類拔萃的建制領袖的人，首先必須提高境界，放遠眼光，立志做一個相干領域的自然領袖。這樣一來，他自己才能養成脫俗的胸懷和超拔的智慧，終久達到令人敬仰，受人擁戴的地步；他也才能領導部屬，朝向理想(而不只講究統轄與受命)，將組織機構帶引到有創生，有活力，有發展的道路上（而不只是大家因循苟且，一切依照已有的指示辦事）。一個文化團體的主管和一個思想家之間的差異，一個政治集體的頭目和一個政治家之間的不同，一個教育機構的首長和一個教育家之間的分別，一個商業組織的主腦和一個企業家之間的對比，情形都是一樣。試想：一個人不立志成爲思想家，他怎麼可能成爲優秀的文化團體的領袖？一個人不立志成爲政治家，他怎麼可能成爲卓越的政治集體的領袖？一個人不立志成爲教育家，他怎麼可能成爲出類拔萃的教育機構的領袖？一個人不立志成爲企業家，他怎麼可能成爲超凡脫俗的商業界的領袖？

一個成功的領袖一定需要具備某些重要的品質與條件；包括學識上、道德上、意志上、能力上、情感上的種種品質與條件。可是，最重要而不可缺乏的是，一個領袖必須具有超拔的見識和高遠的心境。這樣的領袖終久才能做到衆望所歸，受人愛戴。愈是要成爲衆望所歸的領袖，愈是需要那超拔的見識；愈是具有那高遠的心境，愈能成爲受人愛戴的領袖。

一個領袖是個走在衆人之前，帶引開路的人；同時，一個領袖也是個位居大家之上，高瞻遠矚的人。這樣的人顯然不能只是懷着狹隘的眼光和閉塞的胸襟，與凡夫俗子一般見識，和愚夫愚婦共同心境。一個領袖沒有超拔的見識，他就無法看到一般人所看不到的統瞰與遠景；一個領袖缺乏高遠的心境，他就不能忍受平常的人所無法忍受的重負與毀辱。當作一個領袖如果看不到一般人所看不到的統瞰與遠景，他也就可能和一般人一樣，只務小事而不顧大局，只管眼前而不慮長遠；甚至只計個人利害而遺忘群體之興衰。同樣地，當作一個領袖如果不能忍受常人所無法忍受的重負與毀辱，他也就可能和常人一樣，在艱困時期不知移私作公，在緊要關頭無法忘我投入；甚至事無大小皆不忘突出自己，時不分緩急全無法不避勞怨。這樣的人身居高位，很容易演成熱衷名利，貪圖功勞，鑽營求榮，患得患失，甚至等而下之，玩權弄勢，嫉妬賢能；不知大義無我，但圖假公濟私，把組織和群體變成自己逞權獲利的工具。這樣的「領袖」也許可以教人畏懼，但卻無法讓人愛戴；這樣的「領袖」可能是權柄的代表，可是他卻一定不是理想的化身。

由於領袖是個遙遙走在前面，高瞻遠矚的人，因此他也往往是個容易受常人誤解，容易遭常人毀謗的人。所以，一個領袖——尤其是一個高層的領袖——常常是個孤單的人，有時甚至是個寂寞的人。成功的領袖必須能够在孤單寂寞之中，知道如何排遣這種孤寂的情懷，善於自處與自許，愼於自尊與自愛；不能因爲恐怕孤高，而就降格求寵；不能爲了贏取大衆的掌聲，而就壓低見識，俗化心境。不然的話，他的領導也就喪失了理想性；這樣的領袖也就不能爲組織爲群體帶來清新、有益而長遠的貢獻。

超拔的見識和高遠的心境雖然是可加區別的兩種品質——前者屬於智的領域，後者存在情的範疇；但是兩者在孕育培養上和發揚見著上，卻經常相生相長，互補互成。見識的超越有助於心境的提高；同樣地，心境的提高又有助於見識的超越；兩者都是一個成功的領袖所不可或缺的基本品質。

一個成功的領袖是人類理想的化身，一個失敗的領袖只是建制權柄的代表；受人愛戴的領袖才是成功的領袖，只是教人畏懼的領袖是個失敗的領袖。

語言·心意與理解

——語文交通的「五元模型」

除了在少數的情況之下，語言文字之作用都是通過人們對符號的瞭解，才可望達成的。這個道理很簡單。語言文字的外貌只是聲音的組織或筆劃的結構，而我們所要傳達交流的，却是內心的概念和情意。因此，不論是在報導描述，解析論辯，或者表情抒願，褒貶賞罰和祈求律令裡，我們都必須通過瞭解語文符號的意義，才能完整地達成我們使用語言文字的目的。

現在讓我們將說話的人，寫作的人，演唱的人，頒佈命令的人等等有意佈發語文表辭者，通稱爲「作者」（採取「作」字的廣含意），而把聽講的人，閱讀的人，接受請求承受命令的人等等領受語文表辭之作用者，通稱爲「讀者」（也採取「讀」字的廣含意）。那麼我們要發問：在一般的語文情境裡，符號、意義和符號的使用者——作者和讀者——之間，到底呈現出什麼樣的關係。

由於我們慣用語言，語言成了我們的第二天性。它成了我們個體在物理方面和心靈方面的延伸。語言一經這樣使用習慣演成自然之後，我們容易對它的性質和功能，以及我們和語言之間的關係，加以過分的簡單化，好像它就是我們的一隻無形的萬能手臂似的，揮動自如，無障無礙。直到我們的經驗豐富了，閱歷加深了，受誤解和誤解別人的體會增多了，於是才領悟到語言原來並不是一種那麼簡單的工具。

人與人的交往重在瞭解。人與人之間的瞭解有直接的，有間接的；有即時性的，有延遲性的；有眼神眉目，心照不宣的；有咬文嚼字，滔滔不絕的。現在我們所要討論的，是人與人之間通過語言文字做爲媒介，所進行的彼此瞭解。

在利用語文做爲媒介的交通上，我們的主要目的在於心意的傳達與交流。這時候，這種交通的成功與否，有效性怎樣，精確到什麼程度等等，完全要看作者（剛才界定的意思）寄賦在語文符號上所要傳出的心意，和讀者（也是上面所界定的意義）收受了該等語文符號而加以解釋的意含，兩者是否一致，是否相似，是否同一。

現在讓我們對上述構成語文交通的元素，進一步加以簡要的分析。

首先我們知道，在一個語文交通的情境裡，作者是不可或缺的。他懷有某些心意，想要利用語文方式加以表達出來。這時，在作者的心目中，也許已經有確定的讀者（比如交談中的對話人），也許只有假設性的讀者（比如寫教科書所假定的一批設想性的對象），甚至可能完全不能確定將來讀者究竟是那一些人（比如將作品藏諸名山，留待後世）。可是無論個別的實際情況如何，在我們的分析裡頭，我們要假定讀者的存在。（當然作者本身也可以是讀者，而且往往是自己作品的最先讀者）。現在讓我們把作者實際宣發出來的語文符號，統稱為他的「作品」。在這樣的定義（界說）之下，一個人所寫的書卷，固然是他的作品；他所做的文章、詩篇、對聯、雋語，當然也是他的作品；不僅如此，他發表的演說，做出的談論，凡此種種，不管是連篇累牘，或是一言半語，只要是為了表達心意，進行語文交通的語文表辭，全都算是他的作品。這種意義下的作品，是種客觀的存在，是種大家（包括作者自己）可以取來觀察，比較，分析，批判的語文項目。我們對這樣的客觀語文對象，可以加以錄音複製，或影印複製。所以，作品正如作者和讀者一樣，一經創作出來之後，就成了這個世界裡的一種客觀性的存在。

一件公佈了的作品具有一種我們平時不太加以注意，因此很少加以強調的特質。一個作者完成了一件作品而將它發表之後，該一作品的生命與發展，往往就不再能夠完全由作者「盡其在我」地隨意加以左右和決定。發表了的作品，從知識論的觀點看來，變成一種公眾所持有的東西。大家可以依照自己的經驗、知識、信念和價值取向，加以理會，欣賞，批評，否定，修正或採納等等。在這種意義下，作品一經發表，也就離開了作者私有的心意世界，享有一種獨立的生命。這時，一件作品的原來作者或許不願繼續看到它的存在，可是它可能仍然存在；甚至一件作品的原來作者本身早已死去，可是他的作品却可能永垂不朽。

上述作者、作品和讀者三項，顯然是在一個語文交通的情境裡，很明顯而易於把握的三個元素。可是這些却不是全部。首先，我們注意到一個作者是要通過他的作品來表達心意的，因此作者的心意是一個語文交通裡的重要因素。不但如此，讀者要能對某一作品產生瞭解，達到語文交通的目的，他必須對作品加以解釋，賦予意含，充當他心目中該作品的作者藉着該作品所要表達出來的心意。因此，讀者對作品所賦予的意含，也是語文交通之中的一個重要元素。於是，我們加起來有作者、作者的心意、作品、讀者賦予作品的意含和讀者，這五個項目。我們要把這五個項目稱爲語文交通情境裡的五個主要元素。我們要以這樣的一種「五元模型」來考察語文上的交通。

倘若我們將讀者對作品的瞭解稱爲「理解」，這樣的理解就是對於作品的意義之把握。讀者通過對作品中的語文表辭的意含賦予，獲致此種意義的把握。值得注意的是，此種意義的把握也是一種心意的呈現。這是讀者通過作品所「複製」出來的心意。如果讀者實際複製出來的心意和作者意欲表達的心意相接近，則語文交通成功了。兩者愈接近，交通愈成功。

我們剛剛提到作者意欲表達的心意，而不是作者實際表達的心意；我們提到讀者實際複製出來的心意，而不是讀者意欲複製的心意；因爲作者方面的心意出現和讀者方面的心意複製之間，不是一個直接傳遞的過程，而是一個間接感應的程序。理解是一種再創作。在這樣的心意感應的再創作的過程中，有許多成敗的關鍵足以影響語文交通的效果和素質。

現在讓我們由作者這一端說起。從語文交通的角度看來，人是一種具有特定的經驗內容、信念系統、情感涵養、語文能力和產生心意作用的個體。當一個人要運用語言文字表達心意（思想、感情等），充當作者之前，他已經涵育了他的心意，確認自己所要表達的內容。一個人所懷有的心意之準確、清晰、深刻和超凡脫俗的程度，是和他的學識、閱歷、才華、感情和境界不可分離的。我們同樣在思慮問題，可是有些人的見解膚淺不堪，有些人的眼光卻深刻超群；我們同樣在言情論愛，可是有些人的情超凡脫俗，有些人的愛卻庸俗難耐。所以，倘若我們從這個特定的眼光來加以透視，把人當做是個心念情意的系統，那麼我們當會察覺到衆人之間決不是些彼此等同，互無分別的個體。我們每一個人都是個獨特而各自有別的心意系統。我們有着深淺不同的涵養，高低難以等量的造詣，粗細無法相比的洞識，清濁不可同日而語的境界。我們每一個人都閃現着心靈上不同的光度和涵量。

衆人之間這種高低不同，深淺相異的獨特性，並不意味着大家彼此之間的絕對孤立性和完全封閉性。從語文交通的觀點看，它更沒有表示只有自己才可能瞭解自己；甚至也沒有表示只有自己才最瞭解自己。事實上，並非在所有的情況之下，我們都是最瞭解自己的人。有時候我們比別人更瞭解他們，有時候人家比我們自己更瞭解我們。一般說來，造詣高的比較容易瞭解造詣低的，心思細膩的比較容易瞭解心思粗糙的；經驗豐富的比較容易瞭解經驗貧乏的；見識高超的比較容易瞭解見識低淺的；信念系統複雜的比較容易瞭解信念系統簡單的；感情深刻的比較容易瞭解感情膚淺的；富有批判性的比較容易瞭解專於獨斷性的；直覺力強的比較容易瞭解直覺力弱的；分析力鋒利的比較容易瞭解分析力遲鈍的；想像力豐富的比較容易瞭解想像力貧乏的；深具慧根藏智的比較容易瞭解薄無聰明才華的等等，不必盡舉。不過，我們在此處所宣稱的，是就一般的理想情境而言；而且我們所談論的，是人的瞭解能力或瞭解的深度。我們所談論的，並不是人們在特定的情況下的實際瞭解的成果。因爲一個人即使有足夠的能力瞭解他人，也不一定就眞的在每一個情境之下，都善於瞭解人家。要能確實瞭解別人，必須善用自己的瞭解能力。一個人必須將他的造詣、心思、經驗、見識、信念、感情、判斷力、直覺力、分析力、想像力、慧根藏智等，安放在一種恰當平衡的尺度上，做出精緻巧妙的安排，才容易發揮理解的最大效能。不然的話，聰明鋒利的人，瞭解他人也易，可是誤解他人也快；直覺力強想像力高的人，瞭解別人也深，可是附會旁加的也多。

我們本來不可以說一個人比自己造詣高超，或者比自己想像力豐富等等。可是，一個人却有學識比較高超的時期和知識比較貧乏的階段；思想比較清楚的時候和心思比較混亂的時刻等等。一個人不像一部機器似的，在什麼時候都可以發揮充分的效能。一個人的潛藏涵蓄和能力程度，往往必須在謹慎的考慮和自覺的安排之下，才容易產生最完善的發揮。因此，一個人對自己的心意到底瞭解多少，把握得怎樣，這也要看自己的自覺程度，能力運用和自我批判性多強而定。有時我們可能不是一開始就十分完全地把握自己的心意，可是我們却可以通過自覺的反省和精化，將自己的心意改進得更清晰和更明確。

倘若一個人的心意決定了，那麼在語文交通的脈絡裡，接着就是採取語文表辭將此心意表達出來的問題。

語言雖然是一種社會習慣，是一種約定俗成的社會建構；並且每一個人與生俱來都有一種學習語言的能力和使用語言的傾向。儘管如此，每一個人在某一種語言上的造詣却高低不同，對於一個語言的認識和熟練程度差別很大。不但如此，衆人由於經驗、知識、興趣、需要以及勤怠程度有別，所養成的語言習慣亦呈懸殊。所以，語言一方面是社會的習慣，大家有着共通的準則和模式；另一方面它同時也是個人的習慣，富有多姿多采的分殊和變樣。我們只要觀察統計一下，同一個語言社群裡的衆人之間選字造句的現象，就可以清楚地看出這一點。所以我們可以說，衆人的語言也是普遍之中有其分殊性；在基本的模式之下，有其複雜的發展和變化。

一個作者要怎樣選擇最恰當的語文表達方式，這一方面要看他所採用的語言本身的特質和作者所在的社會之語言習慣；另一方面也得依據作者本身的語言能力而定。倘若一個作者的心意業已明確，他的語言能力就大大決定他的語文表現。有些人的語言能力高強，表達起來隨心所欲，得心應手；有些人的語言能力平凡，表達起來眼高手低，心有餘而力不足。因此，一件作品固然是它的作者有意創作出來的，它甚至可能是他嘔心瀝血的結晶；是一個作者在他的語言能力以內，最能表達他心意的作品。可是這也並不表示，那就是在該一語言所可表達的範圍內，最能傳心達意的表達方式。一個語言有它本身的限制，使用語言的個人更有他能力上的規限。於是當作者把心意表現出來成爲作品之時，這作品往往只是作者心意的不全反映。

語言是一種俗成的習慣。大凡習慣之爲物，有規律但却不一定可以完整地立爲明文。所以我們之熟諳語言，不是起於條文的跟從，而是得自範例的啓示和文法感的導發。不同的人有不同的語言範例，也有不同的語言直覺。大家卽使有同樣的心意，不一定表現出完全相同的作品；反之，同樣的語文表辭，也不一定裝載着同樣的心意內容。所以，我們不能盡將一個作者的作品視做他心意的定版，我們只能將作品看做是窺看作者心意的有利窗口。

好在從文化的觀點看，往往我們所珍視的是具有獨立生命的作品所可望表達出來的意含或意義，而不一定是作品的原作者本來的眞實心意。這點雖然不是我們現在所要談論的主題，但却與我們的論題密切相關，因此不可加以忽視，更不能將之遺忘。

一件作品發表出來之後，能否向讀者成功地表達作者的心意，這除了要看作者所用語言的特質和他的語文把握而外，當然也決定於讀者的語文修養和其他心靈方面的能力和成就。這是很明顯的事。我們如果對某一語言並不熟練，當然不容易準確理解利用該語言表達出來的作品；同樣的，如果我們的知識不足，常識欠豐，感情淺薄，分析力弱，我們也很難領會一件作品的作者所擁有的心意。所以，世界上有許多思想給人家化簡變型，有許多情感給人家汚染俗化，有許多理論給人家穿鑿附會，有許多學說給人家畫蛇添足！因爲理解不是一種直接傳授的交易，而是一種間接求取的過程，它必須通過讀者自己的解釋，由讀者自己賦予意含。它是讀者方面所從事的再創作。

由於這樣，有時我們對於某作品的意義之把握，並不等於我們對該作品的作者意欲以它傳達的心意之瞭解。作者與讀者之間，由於上述的曲折過程，在語文的交通上，有時功敗垂成，失之交臂。

我們知道，語言是一種社會建構，而不只是個人的表達工具；它不只是個人抒發自己心意的媒介，也是同一個語言社群裡的人進行語文交通的公器。一個社會裡頭的人，在彼此觀摩，領敎和模仿之下，建立了共同的語文習慣。所以語言雖然是俗成的事，但却不是因而就沒有是非，沒有對錯。我們仍然可以在一個語言社群當中，分辨正確與不正確的語言用法，區別較優越與較低劣的表達方式。所以，一個作者固然不會誤解自己的心意，但他却有可能誤用了語言，以致讀者儘管正確地使用語言，但却誤解了作者的原意。所以，如果我們關心語言交通的有效性的話，我們就必須注意檢討語言的社會習慣，並且不斷反省檢討語言的缺陷，設法加以彌補和改良，使得我們語文的交通變得更有成果和更有把握。

現在我們要暫時離開理解的正面主題，討論一下容易導致誤解或混亂的種種語文表辭的性質。我們要在此舉出最重要的幾個項目，那就是歧義、含混和暗晦。

所謂歧義是指一個表辭依照一般的語言習慣，可以容納不同的解釋（可以讓人賦予不同的意含）。通常我們就簡化地說，那樣的語文表辭具有不同的意義。

各種不同的表辭單位都會有歧義性的問題存在。單字方面有歧義的事，詞語層面也會有歧義的情況，就是整個的語句也可能有歧義的現象發生。比如「戶」這個字是歧義的，它可以用來代表一扇扇的門（如「門戶」），也可以用來表示一個個的家庭（如「住戶」）。同樣的，「滿月」這個詞語也是歧義的，它可以用來稱呼農曆十五夜晚的月亮（如「昨晚那滿月的夜色特別淒迷」），也可以用來指謂嬰兒出生已經一個月（如「他要在女兒滿月時，請人吃酒）。類似的，「父在母先亡」這個語句也是歧義的，它可以用來表示父親先於母親去世，也可以用來道說父親仍在，然而母親却已先去世。

表辭的歧義性來自種種不同的語文因素。簡單地說，有些表辭的歧義是由於它的語意性質而來，有些表辭的歧義是因爲它的語用習慣所引起，另外有些表辭的歧義則是起於它的語法組織和結構上的安排。所以，我們要將語文表辭的歧義性區分爲三種：語意歧義、語用歧義和語法歧義。

語意上的歧義一般最受重視，介紹和談論的也最多，而且因爲它是歧義的基本形式，例子甚多而又普遍，差不多人人都瞭解熟悉，所以我們不必多加說明。一般的人所說的「具有不只一個意義」，主要指的就是這類的歧義。比如上述「戶」字和「滿月」一詞各「有兩個不同的意義」，就是一例。這種歧義可以稱爲表辭的「多義性」。

語用歧義比較特別。它所牽涉到的原則和規律比較複雜多樣。不過我們首先要注意，這裡所說的「語用」，並不是某一個作者或讀者自己如何解釋的問題，而是依據一般社會已成習慣的用法來說的。舉一個例子：本來「和尚打傘」這句話可以說意義甚爲明確，可是由於我們習慣上有一個特別的歇後語（「無法無天」）與之相連，於是使用起來就有可能產生歧義的現象，尤其是當我們只用這歇後語的上文，而略去其下文的時候，情形特別顯著。

我們的成語、俗語、慣用語、歇後語、典故、隱語、比喻語等等，都容易引起語用上的歧義；而這些語文現象的規律和應用原理又特別複雜，因此語用歧義也變得極爲多樣與紛繁。

語法歧義比較簡單，它通常是由於不嚴格的結構或不準確的組織所引起的。比方，上文所舉的那個有歧義的語句，就是一例。倘若我們在該句之中，加以適當的標點，使它的組織結構明確化，那麼它的歧義性也就消失了。

中國古代的文字缺乏標點，因此如果沒有學好句讀，閱讀起來也就容易引起這種語法歧義。在數學和邏輯這類講究組織嚴密，結構精確的學科裡，我們更得謹慎小心，力圖避免這種歧義。比方，如果沒有做出「先乘除，後加減」這個規約，"$x+y\div z$"就是歧義的。它可能是"$(x+y)\div z$"，可能是"$x+(y\div z)$"，兩者是互不相等的。這類因爲組織鬆弛，結構不確而引起的歧義，也可以稱爲「構型歧義」。

接着讓我們討論含混。所謂含混（有時也稱爲「混含」）是指一個語文表辭的意含，在適當的範圍內，有濃入淡出的現象；因此該表辭的適用指涉界限含糊不清，雖然該表辭的核心意含（因此它的典型指謂）或許明確無比或頗為確定。

舉個例子來說，「圓」字的標準意含極為清楚，比方我們使用圓規繪製出來的圖形就是。可是如果我們要叫一大群人排列環繞成為圓形時，那麼要求多嚴格才算是合乎圓形的標準，那就不是很明確了。此外，像「朋友」一詞也是如此。什麼樣的人算是我們的朋友，本來有一個頗為明顯的意含核心。可是它的「意含邊緣」却不明確，因此它的指謂範圍也就跟着含糊不清。

在我們的語言裡頭，含混的表辭比比皆是。這是因為不管是自然界的事物與現象也好，人事間的事態與情狀也好，往往不是界際分明，範圍確定的；因此用來稱呼指涉這些事物、現象、事態和情狀的語文表辭，也就變得含混，變得意含濃淡不清。「冷」、「熱」、「高」、「矮」、「肥」、「瘦」、「清」、「濁」、「大」、「小」、「正」、「歪」、「保守」、「激進」、「適中」、「過分」、「小心」、「大意」、「文雅」、「俗氣」、「深刻」、「淺薄」、「大器」、「小技」、「清晰」、「暗晦」、「安全」、「危險」等等，在通常的習慣用法之下，都是含混的語詞。

有一種含混性值得我們在此提出來，加以適當的注意。那是一種由於轉借或引伸表辭的用法——特別是跨越範疇的轉借引伸——所引起的含混。

比如「今日」這個語詞本來是意含確定的，它指的是說話或為文那個日子。可是這個詞語可以轉借來表示現在或目前一段可長可短的時間。例如，當我們說：「今日中國學術的發展趨勢」時，其中「今日」一詞就不再指着說話那一天，而是界際邊緣並不清楚的晚近一段時間。這類表辭所引起的含混現象極爲普遍。一個表辭應用在某一範疇之中，也許並不含混；可是當它轉而應用到另外一個範疇裡的時候，就有可能產生含混的現象。原來用來指謂味覺的「苦」字，其意含頗爲確定；可是當它用來指涉人生的痛苦時，情形就大爲不同。我們在上文裡所提到的「圓」字，情形也是一樣。在我們的語言裡，這種含混性的語詞爲數極多，不勝枚舉。

第三種容易導致誤解或混亂的，就是語文表辭的「暗晦性」。

暗晦與含混不同。含混是指一個語文表辭的意含界際模糊。暗晦指的則是一個語文表辭的整個意含範圍全都模糊，沒有清楚確定的核心。

比方，當我們要輕輕取笑人家，或與人玩笑時，我們可能說：「他這麼做實在有點那個！」這時，「有點」一詞當然是含混的，但是，「那個」一詞則是暗晦的。前者牽涉到意含的程度或界限的問題，後者則關係着意含的內容到底是什麼的問題。對於前者，我們的疑問是，到底到達什麼程度才算是「一點」，而不是「極小」，甚至「沒有」；更不是「頗大」，「很大」或「極大」等等。可是對於後者，我們的困難就不再是程度問題，而是內涵面目問題。「那個」到底是什麼？它是指「不妥」？或是「不道德」？或是「荒謬」？或是「荒唐」？或是其他什麼？

有時我們在內心裡的概念還不清晰，想法還不準確之前，就急欲表達，往往容易落入暗晦字詞的陷穽之內。可是有時候我們有意使用暗晦的語文表辭——或是基於禮貌、情調、效應等考慮，或者爲了避重就輕，推卸責任的緣故。比如，現在有許多人習慣於這樣說話：「他一生的努力對我們的社會做出了一定的貢獻」。在這個語句裡，「一定的」一詞是個暗晦語詞。它旣沒有指明貢獻的性質與內容，也沒有標出貢獻的程度與大小，甚至連這樣的貢獻到底是正面的或是反面的，有價值的或是沒有價值的，都一概隱蔽不宣。使用了那三個字和沒有使用那三個字，對於該語句的實際意含並沒有什麼差別。這是個暗晦的語文表辭之實際例子，也是個當代的例子。

我們在上文裡介紹討論了語文表辭的歧義性、含混性和暗晦性。關於這些性質，有兩點值得我們加以補充。

第一，我們爲了討論的方便，有時使用簡化的表達方式，或習慣的語言用法。這樣做雖然大大增加了我們語文交通的方便，可是認眞追問起來，這些表達方式並不甚嚴密，也不太準確。比方，有時我們說語文表辭的歧義性，有時我們却說具有不同意義的語文表辭等等。事實上，堪稱爲歧義、含混或暗晦的，並不是語文表辭本身，而是語文表辭的用法。也就是說，堪稱爲歧義（或具有歧義性），含混（或具有含混性）和暗晦（或具有暗晦性）的，並不是語文表辭的樣型，而是語文表辭的用例——是單字用例、語詞用例和語句用例這樣的項目，才有歧義，含混和暗晦可言。

當然，如果我們有了這一層的認識和瞭解之後，也就不必每次不厭其煩地說「語文表辭用例」的某某性質，而只說「語文表辭」的某某性質，把它當做是一種縮簡的說法。我們使用語言的時候，經常不可避免一些簡化的程序。倘若我們對此有所覺察，這樣做並不會引起不便、誤解或混亂。

第二點我們要補充說明的，正是一些有關誤解或混亂之類的事。我們所以討論歧義、含混和暗晦，那是因爲這些語文表辭的性質，如果不加小心處理，往往會引起我們思想上的錯亂，或導致作者和讀者（上文裡所界定的意義）之間的誤解。可是這並不表示，凡是歧義、含混和暗晦的語文表辭必定會帶來思想的混亂和人與人之間的誤解；更沒有表示，凡是歧義、含混和暗晦的表辭都是要不得，必須加以淘汰或禁止。事實上，歧義的表辭、含混的表辭和暗晦的表辭，在任何的語言裡頭，都是不可避免，甚至具有正面的功能和積極的貢獻。我們只要想一想詩的語言、情的語言和童話神仙故事的語言，就很清楚了。然而，那類語言表辭的作用決不限於這些語言範圍之中。

有時，在某些講究嚴格精確的脈絡裡，我們擔心表辭的歧義、含混或暗晦會帶來誤解和混亂。這時我們可以採用一些或簡或繁的步驟來補充我們的語文表達，精化我們想要傳達的內容，從而將表辭的歧義性、含混性和暗晦性加以減輕，或完全消除。

這類的補助設計，花樣繁多，種類各異，其中並沒有嚴格的規律可循。然而，一個成功的作者往往却能够小心判斷，別出心裁，在適當的地方，提出恰到好處的補充或釐清，使得原來可能產生歧義的表辭，在該一脈絡裡變得意義固定；原來可能變成含混的表辭，在該一脈絡裡變得意含界際分明；原來可能呈現暗晦的表辭，在該一脈絡裡變得清晰明確。

舉些例子來說，當一個語文表辭在某一個脈絡裡，會產生歧義現象時，我們往往可以進一步加以申述和限制，以這個辦法將不需要的意含從該一脈絡裡排除出去。比方，「滿月」一詞可以有不同的解釋，因此當你對朋友說：「滿月的時候請你喝酒」，這個語句（用例）是有歧義的。爲了避免你的朋友誤會（解釋錯誤，賦予不適當的意含），你可以說：「我女兒滿月的時候請你喝酒」，或者「滿月十五時請你喝酒」。這樣一來，到底作者心目中的意含如何，也就更容易讓讀者加以確定，而不引起語文交通的障礙。又如「和尚打傘」雖然在某些脈絡裡可能發生歧義，但是我們也可以利用類似的辦法加以澄清。比如當我們意欲表達的，並非該一表辭的「字面意含」時，我們可以連着歇後語的下文，一起說「和尚打傘，無法無天」，而不必只說其上文，引起不必要的選擇，增加解釋上的困難。利用這類的辦法，我們可以將原來有歧義可能的表辭，在某一脈絡當中，變成沒有令人誤解的危險。這就是爲什麼在閱讀時，注意脈絡，考察上下文，是件極爲重要的工作。

含混的情況也是如此。如果某一表辭在某一用例裡，會有含混的現象產生，這時我們可以在該表辭出現的前後左右（亦卽其所在的脈絡或上下文中）做出必要的限制，令原來不甚清楚或極不清楚的界分，變得更加清楚或完全清楚。比如，「朋友」一詞是含混的，那麼我們可以不只說：「請你的朋友也一起來晚餐」，而可以說：「請你要好的朋友也一起來晚餐」，甚至說：「請你最要好的朋友也一起來晚餐」等等。這樣一來，本來可能產生的含混性，也就大大的減輕，甚至完全消除了。

對付含混語詞的有效辦法之一，就是提出一個分界的標準，以消除原來界際不清的情況。比如，「高」和「重」都是含混的語詞。可是當我們使用時，可以不只說：「太高的人不准參加搶球」，而說：「高過五呎九吋的不准參加搶球」；不只說：「不要提重的東西」，而說：「不要提五十斤以上的東西」。制定一個標準，可以將原來模糊的意含邊緣，加上一個清楚的界限。

爲要免除暗晦的語文表辭所可能帶來的不良後果，我們也可以訴諸類似的程序，對該類表辭的意含加以釐清。其辦法和上面所舉的類似，只是着重點不同。這回我們是要以比較清晰明確的概念，取代比較含糊不清的意含。

有時爲了表達上的嚴密和準確，避免歧義、含混和暗晦等性質所帶來的不確定、不明晰和不精密，我們可以對重要的語詞加上明文的意含釐定和指涉限制。這就是一般所說的界說或定義。界說在排除歧義，解消含混和減少暗晦方面，扮演着極爲重要的角色。

本文的主要目的在於討論理解。根據上面所說的，我們知道：㈠語文交通並不是一種直接相互授受的程序，而是一種間接設想意含賦予解釋的過程；㈡用來裝載意含的媒介，並不全是一些清晰明確的語文表辭，不含有歧義，不具有含混，不會產生暗晦的成分。因此，理解也不是一種一蹴而幾，簡單而直截了當的心靈活動。

我們只要這樣設想：我們對於同一件作品，也許在初步接觸時並不理解，後來才慢慢理解；也許最初理解得甚爲膚淺，接着才慢慢深入；也許起先理解錯誤，後來才逐步改進，得到正確的理解。爲什麼我們會這樣呢？爲什麼理解不是像張眼觀天似的，看到就是看到，沒看到就是沒看到，清楚了然，一刀兩斷呢？

我們可能聽到了發音，但却沒有把握到意義，看到了字形，但却沒有捕捉到內容。我們也許讀到同一件作品，可是不同的人獲得不同的理解；或者同一個人在不同的時候，所理解的也不盡相同。這原因在那裡呢？理解既然是上述那樣的間接迂迴的過程，那麼讀者方面的經驗、學識、感情、願望、信仰、境界和語文能力等等，當然全都可能左右他的理解內容和理解深度。即使我們所專注的只是理解的精確性，而暫不理會其豐富性、深刻性等等，那麼這也不是語文修養一事就可以輕易導致獲取的。

理解的精確與否，端看我們對概念的把握是否明確不移。可是概念的把握却不是個別零散的成就。一個概念的明確內容必須根據其他相干的概念，加以對照襯托，安排比較，才能顯現出來的。所以，概念的精確性不能只在個別概念的層面上去衡量，而必須在整個的概念系統裡去標定。理解的精確性也正是如此，它必須和理解的系統性一起比對，相提並論。

鄉土·方言與文化

本文係根據一九八二年一月五日，作者在香港中文大學聯合書院主辦的「廣東話與香港文化」的研討會上所發表的演講內容，整理寫成。該次演講的題目是「廣東話·香港文化與中國傳統」。雖然文中所提的個例是廣東話和香港文化，可是它的立論根據照樣可以應用到「閩南話·台灣文化與中國傳統」的討論之上。說不定由於文中提及的不是我們自己的方言和自己的鄉土文化，討論反省起來反而更容易獲得比較客觀的認知和反應。

1

從功能方面着眼，語言是一種社會習慣，一種所謂「約定俗成」的社會建構。

可是「約定俗成」一事常常容易引起一些誤解。首先我們知道語言之爲「俗成」是件很明顯的事。每一種日常語言都有它自然演變的歷史，經過無數人的使用，慢慢蛻變演化而成爲習俗，不是一朝一夕或少數人獨立創造完成的；可是說它是「約定」的，未免言過其實，因爲除了在少數特別情況之下，語言通常並不經過正式或非正式的議定合約的過程。事實上，所有的社會習慣都如此，語言是一種社會習慣，因此它當然也是如此。所以我們會發覺，語言的使用儘管有範例和軌跡可循，但却沒有完整的明文細則充當最後的依據和無上的權威。

也許正是由於這樣的緣故，語言「約定俗成」的性格往往引起另外一種誤解。有些人以爲既然語言是約定俗成的，它沒有最後而無上的權威；因此語言的使用也就沒有對錯的問題。不管是單字的發音也好，筆劃的結構也好，用字遣詞的選擇也好，全都沒有一定的標準，大多數的人怎麼唸，那樣的讀法就是對的；大多數的人怎麼寫，那樣的筆劃結構就是正確的；大多數的人怎麼用，那樣的遣詞造句就是合理的。

這樣的想法裡頭，含藏着一些思想上的謬誤。比方，我們不能因爲語言沒有千古不變的法則，就立刻斷言它沒有對錯的標準：若要決定對錯，只能訴諸多數人的意見。從運用的觀點着眼，語言的確是種習慣——社會的習慣和個人的習慣。然而，並不是凡是成爲習慣的，都是合理而值得讚擁的事。習慣之中，有好習慣，有壞習慣，有不好不壞的習慣。我們可以訴諸某些標準，來加以判別定奪。語言的情況也是如此。並不是因爲它是「約定俗成」的（conventional），因此它就是「隨便任意」的（arbitrary）。

2

我們可以將一個語言依照運用方式，區別爲口語和書面語。一個語言的這兩種表現方式，固然都遵循着該語言的一些共同的文法和軌範（否則就不算是同一個語言），可是兩者也各自具有不同的用法和特色。一般來說，比起書面語，口語較爲活潑，富於變化，爲了適應需要能夠輕而易擧地做出靈活的調整和應變；同時，它比較接近我們的生活，比較表現我們對生命的直覺；它比較平民化，比較通俗化，因此比較能夠充當廣大衆人之間，傳情達意的媒介。可是，與這些方便或優點相對立的，口語也有它的限制和弱點。其中最値得我們在此處注意的，就是它和專門學識比較隔離，它比較不容易接受學者或權威的指導。比如，我們在口語裡遠較在書面語當中，容易誤用概念，表現觀念的混淆；又如，我們通常有書面語上的權威與典範，但却難以找出口語上的楷模與專家。

當然這些現象的形成是有原因的。古來（以後不一定必然如此）我們的歷史文化，大多依賴書面語的幫助，保存、傳遞和發揚。對於一個號稱文明的民族來說，他們的文化傳統和他們的書面語的傳統，兩者具有極爲密切的互依互補，甚至相生相成的關係。所以我們各方面的專家學者通常都比較重視書面語，甚少對口語給予必要的輔導和關懷。

這樣一來，於是發生在書面語裡頭的精進並不一定自動帶來口語上的改良；不但如此，口語當中的敗亂也不自動反映到書面語之上，因此不受注意與照顧；久而久之，不但口語的語文素質不能和書面語的語文素質相伯仲，就是它們的作用與功能也慢慢無法相提並論。

今日口語的大衆傳播（電視、電影、無線電廣播）的發達和優勢，大衆文化的激盪，以及通俗化、普及化、「平民化」的要求，更把兩者的尖銳歧異帶到另一個歷史的高度上。這樣發展下去，說不定有一天，口語的文化和書面語的文化之間，會產生一種難以彌補的斷裂現象。那時候，專門知識更難有效地化爲通俗常識，學術更成了飄浮一隅和生命經驗無關的點綴品而已。事實上，今天我們已經看出，許多號稱人文社會歷史文化的理論，漸漸和衆多人的生命問題分離疏遠，大家反而去向詩人小說家，甚至專欄作家廣播員吸取知識和認同信仰。這不是沒有深層的原因的。

最怕的是口語和書面語的截然分離，各自爲政：分別遵照不同的「文法」，使用不同的語彙，甚至帶引出不同的思想方式。這時我們的思想、見解、信仰、「價值觀念」所容易表現出來的紛亂，也就不言而喻了。

3

方言的使用常常帶有這些問題。尤其是那些口語特別發達，甚至「過分發達」的方言，問題尤其明顯。」

廣東話是種口語非常發達的方言。今天也遭遇到口語和書面語沒有並行發展，互補相成的問題。

在香港，很明顯地，絕大多數的人都在講廣東話（口語），可是却只有絕少數的人在寫廣東文（書面語），而認眞關心廣東話的素質和發展的，更是寥寥無幾（近來我所知道的只有一位，其他有些人可以說是「反關心」）。這個語言的口語發展得極爲神速，使用得極爲廣泛，所包羅的也甚爲蕪雜。這樣的口語好好加以運用，可以爲書面語注入精彩的神髓；可是如果放任不理，大意失察，也可能引起對書面語產生不良的反饋。今天，誤讀（音韻與書面語並非絕緣，我們只要一想詩的語言，就很容易明白）、文法不通、用詞失當、結構粗劣的表辭不僅在口語中流傳蔓衍，這些語文弊端也慢慢入侵到書面語裡頭，敗壞我們的語文表達，甚至汚染我們的思想方式。

4

初到香港的時候，對廣東話有份深刻的印象。在餐舘門口看見「生猛海鮮」的字樣，起先一片震驚，繼而覺得新鮮無比。因為以往自己使用「猛」字，大都限於形容獅子、老虎的性情，或者表現將軍武士的行為，用來道說魚蝦鰻蟹的，簡直絕無僅有。

事實上香港的廣東話含有數不盡的新鮮表辭。比如，香港人慣將樓宇大厦地面上一層稱為「地下」。這也令人驚訝不已。平時自己在中文裡比較少用「地下」一詞，最常見的成語可能是說某某人「地下有知」！因此當你在電梯裡聽見有人告訴服務員說他要到地下時，實在有一種特別的感覺。最糟的是，當你從眞正的地下層，要乘電梯升到地面，却要告訴服務員說「上地下」！這實在違背自己的邏輯直覺，對不起自己的語文良知。

從起源和生成的觀點來看，語言的確是約定俗成的社會結構。可是這並不表示，語言之結構全無章法，語言的使用漫無規律或者語言的發展一味隨意，只要大多數的人同樣誤讀，則誤讀就自動變成正讀，這時正讀反而變成誤讀；或者只要大多數的人同樣地誤用，那麼錯誤就理所當然地變成正確，這時正確的反而變成錯誤！事實上，語言也和人類其他的社會建構一樣，一直在尋求合理的發展和適當的改良，追求着內部的系統性、一貫性和統一性。當然我們的語言之中的確含有許多例外和異樣，可是我們不能以過往歷史上曾經有過的惡例，做爲今日我們擁有陋習的藉口；我們只能把過去的不合理，當做足以引人警惕的例證。這樣我們也就不會落入「訴諸歷史的謬誤」，以爲歷史上曾經發生過的就是合理的。

嚴格地說，語言不只代表我們的表達方式，它更表現我們的思想底蘊。清晰明確的語言能夠引導我們精密合理的思考；相反地，錯誤混亂的表達方式，容易衍發我們迷糊妄謬的心思。我們要求語言的合理化和系統化，不僅爲了說話的優美和書寫的流暢；我們更爲了思想的清明，情意的通達以及傳知達意的有效與成功。

舉些簡單的例子來說：既然我們的家庭和我們的住屋是有區別的，那麼我們爲什麼要輕易將「搬家」稱做「搬屋」？這樣做（這樣的習慣）除了帶來概念的混淆之外，有什麼好處？既然雪和冰是兩種不同的東西，那麼我們爲什麼不反對將「冰箱」叫做「雪櫃」？這樣做難道不會引起青白不分鹿馬相混？既然「水火不相容」，爲什麼我們還要繼續將「煤油」叫做「火水」？這樣的習慣難道是種好習慣？

我們這麼說絕非吹毛求疵，故意搬弄，因爲我們所要分辨的並不是「下雨」或「落雨」的問題（這倒眞的是約定俗成的事，是種習慣問題而已），而是「下雪」或「降冰」的問題（這就不再只是約定俗成的習慣問題了）。

廣東話的口語的確缺乏專家的關心和指導，因爲廣東話的口語和書面語差距頗大，兩者沒有足夠密切的關係，而專家學者又多專注關懷書面語的緣故。可是今天口語上的弊病已經慢慢入侵到整個語言的內部，到處可以看到混亂錯誤的表現方式，那麼我們再也不能繼續視而不見，聽而不聞了。

5

今天在香港影響廣東話的發展最有力的因素，就是所謂的「大衆文化」。現在所謂的大衆文化，情形甚爲混亂，其來龍去脈，本質特徵，實在難以簡單描述，一言論定。不過，有件事是很明顯的。今天的大衆文化決不只是人們追求知識普及、權益公平、機會均等和政治參與的結果。今天的大衆文化實在是物質文明和工商社會的產物，甚至是消費主義和享樂主義與風作浪的胎兒。在這樣的大衆文化的氣氛之下，市場概念突出，消費對象至上！眞理隱形，風尙第一；道德無用，刺激流行。不但凡夫俗子專以眼前的享受爲要務，就是理該負有社會責任的大衆傳播的工作者，有時也不知不覺地以迎合聽衆的口味爲正途，以討好讀者的興趣爲能事。語言淪爲商品，甚至只是充當推銷商品的工具。語言只用來取寵，只用來譁衆，只用來奪取利益，只用來製造現象。我們已經漸漸不把語言當做是應該愼重對待，小心應用的公器；而只當它是一種隨手取用，用完卽棄的工具。它像衣物時裝一樣力求時髦，力求新鮮，力求刺激，力求暴露，力求感官的引誘力。

於是以誤讀爲正音，以不通爲通，以用法怪誕求效果，以結構詭異鬪新奇。有時候，甚至不是因爲主其事者無識無知不察不覺，而是他爲了迎合潮流，「認同」大衆，同流合汚，樂得輕收眼前的利益。

在這種精神狀態之下，許多使用語言的古怪現象此起彼落，比比皆是。比如，今天年輕人（包括年輕淑女）不但以衣着暴露，胸前少扣兩個扣子爲刺激；他們說起話寫起文章也專以胡亂縮簡爲時尚。今天的年輕人不但身穿簡體衣，脚着簡體鞋，手寫簡體字，甚至口說簡體話。唸起外文則少掉起個音節，寫起方塊字則東欠一點西缺一撇；造起句來有頭無尾，作起文章支離破碎。你明明是何先生，他偏偏叫你「何生」。如果這只停留在口語上也罷，你還可以發揮想像，誤想那人咬音不清，說話神速，加以自己耳朶不聰，注意力分散，讓「先」字急溜溜地消失在稀薄的空氣裡。可氣的是，他不但要和你打招呼，還要跟你寫字條。白底黑影，躍然紙上。猛然讀來，能不驚心？好似乍然之間世事錯亂，天地顚倒，師生換位，似夢還眞。這時你眞不得不仰天長嘆，其妙莫名，如入九霄雲端，「滿頭霧水」了。

有人說：「香港是文化沙漠」。這話當然不是眞的。可是環顧四周，張眼眺望，這種大衆文化正在支配我們的生活，敎育我們的子女，這却是千眞萬確，絲毫不假。學者們可以再不關心，專家們可以仍不廻顧嗎？

受大衆文化的誤用和駕馭，缺少專家和有識之士的關心與指導。這是今日廣東話所面臨的最大問題。

6

我們的專家的確不太理會一般人的語文習慣。他們每逢見到人們使用語言的錯亂現象，大約只是視若無睹，最多也是一笑了之（到處都是，不可能沒有見到）。比如，直到一兩年前，油麻地還有一條短街，名叫「公衆四方街」。初看起來，令你凝神費解，原來它是英文街名："Public Square Street" 的中譯！把英文的 "Public Square Street" 翻成「公衆四方街」眞是太那個一點了，眞要叫人擔心，差點沒把它譯成「公衆平方街」！

在歷史上，我們的語言文字曾經遭受到政治上的汚染。避諱之事，大家共曉：不但「恆山」改作「常山」，「王世充」變爲「王充」；甚至「世武」成了「卅武」，「劉裕」改曰「劉諱」。不僅如此，文字獄之興，更是令人心驚膽跳：不但「維民所止」給猜做雍正沒了頭，「清風不識字，何必亂翻書」也變成了冒犯獲罪之辭。（好在我們現在已經不活在帝王的時代，不然的話，倘若中文大學是個帝國，我們大家都不能說「跑『馬』」。我們大約只好說「跑『鹿』」——把「指鹿爲馬」顚倒過來。倘若聯合書院是個帝國，我們也不能將電腦稱作「電算『機』」。我們

大約只好叫它「電算『師』」——將心物問題走後門地加以解決！）❶

這些政治污染雖然邪惡，可是往往也有例外脫免的可能。最多是隔朝換代就可以重新洗清，還以本來面目。可是今日我們的語言正受着比以往的政治污染更普遍、更徹底、更全面的污染。大衆文化的魔力令我們許多人（尤其是我們的後代）失去抵抗力，不知不覺地吸收一種養分不足，病菌有餘的表達方式和思想方式。我們的青年曾經高倡中文運動，可是他們所張貼出來的標語有時却不是通順的中文。此情此景，深思細想，能不悲哀？

所以，現在應該是專家起來關心我們語言的時候。我們的廣東話需要這方面的專家的規劃與指導。

7

目前有人在關心國語（普通話）和方言之間的問題。這問題值得我們在此正視檢討。

首先我們必須認清幾個事實：

㈠提倡國語和改良方言並非互相衝突彼此矛盾的兩件事。

❶ 香港中文大學的校長是馬臨教授，聯合書院的院長是陳天機教授。此話半係玩笑之語，因爲歷史上諱名之事雖然比比皆是，但是諱姓之舉卻極爲鮮見。

(二)一個方言不能隨意加以取代而不損傷該一語言社群的人之生活素質、表達方式和思想習慣。

(三)每一種語言（包括方言）都是在發展的過程之中。重要的是要怎麼發展，向那一方向發展這類的考慮。

有了這些基本認識之後，我們就不會猶豫於到底應該提倡國語或者發展方言，這類的假想兩難情境。提倡國語並不表示要消除方言，同樣的，發展方言並不意味着要抵制國語的推行。事實上，如果我們認眞考慮，這兩件事雖然有輕重緩急之分，着力程度之別，但却應該同時並進，互相增益。

我們知道，每一種不同的語言（當然包括方言）都爲我們開展一個不盡相同的世界。對於絕大多數的人來說，他們的母語就是他們長期以來所操說的方言。我們生來浸蘊在它所編織創造的世界裡，不但以它來說，以它來聽，更以它來看，以它來讀，以它來想，以它來寫，以它來愛，以它來恨，以它來喜，以它來怒，以它來哀，以它來樂，以它來希望，以它來幻想，以它來發憤，以它來憂愁，以它來慰藉，以它來做夢。這樣的語言不僅是個人的觀念和情意賴以產生孕育，表達抒發的媒體，同時也是一個語言社群的衆人之間產生交感共識，同情瞭解的橋樑公器。這樣的媒體和公器是無法强從我們的生命和社會之中抽離消取的。如果我們一定要強制自己，禁止使用它，這事卽使有可能，也會帶來我們個人的精神失調，帶來社會大衆之間的情感無據。試想，如果我們不能使用我們的母語去談情說愛，那時我們的愛情素質會降低多少？（不只是表達方式粗劣多少而已！）如果我們不能用母語去讚頌，去呼喊，去怒罵，那時我們的精神狀態將會低落多少？如果我們不能用母語去細訴，去低吟，去癡想，去做夢，那時我們的心靈境界又會空白多少？我們可以濃縮地說，一種語言就是一個心靈世界；一種語言的死亡，就是一個心靈世界的毀滅。

所以，我們的母語是不可以取代的。如果某一種方言正是我們的母語，那麼那一種方言就不能加以取代而不損傷我們個人和大衆所擁有的心靈世界。

可是這並不表示，因此我們就應該對我們的方言採取絕對放任的政策，聽憑其自然發展，盲目演變，不管它走向一個什麼不可知的地方。不加策劃，不加指導，不加批判，不加檢討。

既然語言創造編織着我們的心靈世界，那麼我們就要追問這樣構作出來的到底是一個怎樣的世界？它是一個精密的世界，或是一個粗陋的世界？簡單的世界，或是複雜的世界？完整的世界，或是殘缺的世界？美好的世界，或是醜惡的世界？高尚的世界，或是低俗的世界？光明的世界，或是黑暗的世界？充滿新鮮空氣的世界，或是到處病菌污染的世界？所以我們關心語言不只是注意談說的外表和書寫的技能，或們所關心的，從底層上說，是一種心靈健康和一種心靈衛生。我們所關心的是一種心靈生長的潛力和精神發展的希望。

8

那麼我們對方言的發展應該採取怎樣的政策或方針呢？在這個問題上，有許多重大的關鍵有待我們細思和討論。

首先我們要認清自己所秉承的文化傳統，並且決定自己所選擇的文化模式。甚至進一步立志自許，以發揚那一文化傳統爲己任。這樣的大方向問題確立之後，我們才能明確地談論做法問題和枝節問題。

對於我們今天的知識分子來說，這樣的問題遠比在一百年前，甚至五十年前，容易獲得確定的答案。中國近百年來，經過中體西用、科玄論戰、全盤西化、中西文化論戰等等的激盪和反省之後，我們業已變得更成熟，更瞭解文化發展的趨勢，以及文化移植的限制。加上這數十年來發生在中國的風暴，以及呈現在西方世界裡的困境難局，也更令中國的知識分子對自己的文化傳統產生一種新的認識與信心。近來發生在我們知識界文化界裡的學術研究中國化、理論學說本土化，以及鄉土文學等等的運動，就是一些明顯的例證。我們的知識分子對於中國學術的前途和中國文化的遠景，已經有了進一步的肯定和信心。

中國文化是一個龐大的綜合母體，可是在這個大單元底下，含有許多各顯特色，各具優點的分支和變樣。一個大的文化母體和它的文化分支之間，並不互相衝突，彼此對立。事實上，大的文化體系正是由這些較小的文化分支綜合集結而成——只是有的分支較有光彩，有的分支較少特色，有的分支影響較顯，有的分支力量不著而已。所以，當我們立志發揚中國文化的時候，千萬不能因爲我們有深厚的國家民族的精神，因而也就忽視甚至排斥那濃郁的地區鄉土的感情。不但如此，我們應該加強重視分支文化的發展，這樣才不會導致文化母體的挖空懸掛。否則久而久之，整個文化傳統容易變成過分稀薄，孤懸獨立的空架，再也不是有生命，有創造力的文化泉源。（中國的文化傳統事實上面臨着這種困境與危機）。我們應該從發展和精進分支文化開始，來反饋充實我們的文化母體。

語言的發展也是如此。我們既然懷着國家的感情，民族的意識和文化傳統的價值肯定，那麼接受一種普及整個國家民族的語言，這是理所當然，不待多爭的事。問題是，在現階段裡——在可見的將來似乎也還是如此——我們不能因爲要求統一，因此盲目的放棄一切有生命內容和有精神實質的方言（以及與之不可分離的心靈世界）。如果大家只是強制性地放棄自己的母語方言，全盤採取不是我們母語的國語，那麼卽使國語統一了中國，它也會因爲沒有普遍的實質支持而變得懸空和稀薄，不能像我們的母語方言似的，含有濃厚的情意和深度的內容。

所以今天在香港，提倡國語是一件值得鼓舞的是，但是追求廣東話的改良也同樣是一件值得我們讚揚的事。廣東話（其他的方言也是一樣）應該在不違反中國語文發展的大原則下，力求改良和精進，並且回過來貢獻到國語裡頭——豐富其語彙，加強其意象，重整其結構。這不只是廣東話與國語之間的事，這是香港文化和中國文化之間的事。這是文化分支對文化母體最積極和最實質的貢獻。

（一九八二年四月二十八日）

交流・溝通與海外知識份子

——兼談「省港首屆科學哲學學術交流會」

1

不管是由於什麼歷史的原因，或者根據什麼比較深層的理由，中國知識份子之關心「天下大事」已經有一個長遠的傳統；他們在政事實務上的熱情參與，忘我投入；或者居心經營，匠功獨運，以至功績彪炳留芳百代或者身敗名裂遺恨千古，更是一種屢見不鮮細數難盡的事。知識份子——尤其是中國傳統意義下的知識份子——到底是何等品種？他們的習性怎樣？他們有什麼優點，有什麼缺陷？他們的職責理應是什麼？他們對社會、對國家，甚至對世界人類，可望做出什麼積極有益的貢獻？像這類的問題，以及與之相關的其他基本問題，值得我們在不同的時代裡，重新加以思慮和檢討，以便在不同的歷史事件與文明發展的交滙點上，進一步釐清知識份子的時代責任，確定他們當前理應關心注目的着重點。

2

當代的中國在本世紀的三、四十年代裡，產生了劇烈的變化。一九四九年以後，分離隔裂的局面形成，轉眼之間三十幾年過去了。這三十年，在人類歷史悠久長遠的大流裡，或許只是一段必須着意放大，才能顯現出來的渺小痕跡；三十年裡那些石破天驚的劇變，將來也可能只成爲一片荒流大海之中，幾點無聲無息的泡影而已，空添人類史册上濃縮壓緊的幾筆平淡無奇的一言半語。可是對生長在這三十年之間的人——對那些不巧將自己纖弱的生命，暴露在一隻看似無情又像有意的歷史殘酷的巨掌下的人來說，其中卻含有多少辛酸，多少血淚，多少哀怨，多少家愁國恨。有多少理想曾經萌芽成長，而今有沒有凋落摧殘？有多少希望曾經綻開怒放，而今有沒有飄零烟散？有多少憂國憂民之士，曾經熱情投入，慘澹經營，而今爲我們留下什麼具體的成果？有多少深謀遠慮之士，曾經移私作公，辛勤奉獻，而今又爲我們指出什麼可行的方案？三十年來，多少有智之士，多少有識之士，多少有情之士，多少有意之士；而今，他們的足跡何在？他們的聲音又沉落到那裡？

做爲一個知識份子，做爲一個中國傳統意義下的讀書人，我們不禁要發問：這三十年來我們獲得了什麼？我們失去了什麼？我們的成就在何處？我們的失敗在那裡？——不是那一個個人的得失與成敗，不是那一個黨派的得失與成敗，不是那一個政權的得失與成敗；而是全體人民的得失和全體人民的成敗；整個國家的得失和整個國家的成敗；整個民族的得失和整個民族的成敗；整個文化的得失和整個文化的成敗。

3

歷史原來並沒有一定的軌跡，人類向前進展的道路是靠自己建築鋪設出來的。可是，在那縱橫交聚，錯綜複雜的歷史事件的網絡裡，有些成果的獲取看來有緣有因，可是有些結局的產生卻顯得無端無故；有些制度的改革有人指導，可是有些社會的變動卻乏人照料；有些文化的建樹受到關心，可是有些價值的肯定卻遭人藐視；有些時代的精神，專靠一些有知之士和有識之士的倡導，有心有意地開闢出來；可是有些歷史的道路，卻只是由大多數後知後覺的人，大家盲目無意地踐踏出來；在有些時代裡，我們似乎有一種精神的方向；可是在另外有些時代裡，我們就似乎迷亂失據，不知人類會走向一個什麼不可知的地方。

所以，從文明發展和文化建樹的觀點來看，以及從人類幸福和生命素質的標準來看，有些歷史的片段顯得光明，有些歷史的時刻顯得黑暗；有些時代裡的生命顯得光彩煥發，有些時代裡的人生變成低沉陰暗。做爲一個知識份子，我們理當要發問：我們的時代是一個光明的時代，或是一個黑暗的時代？我們的生命是種光彩煥發的生命，或是低沉陰暗的生命？——不是那一個人的歷史，或是那一些人的歷史，而是整個國家的歷史，整個民族的歷史；不是那一個人的生命，或那一群人的生命，而是全體人民的生命，是千千萬萬人的生命。

誠然，歷史的道路從來不是一條簡單的直線，它常常是一種迂迴崎嶇的過程。時代的江河除了表面的曲折徘徊之外，還充滿着急湍、漩渦、洄洪、礁石與暗流。在歷史上，有時革命的號角乍響，一呼百應，順水推舟，好像在那時代裡，眞有一股巨大的洪流，一瀉難收；可是也有時候，儘管追尋改革要求維新的呼聲此起彼落，然而空聞梯響，久久不見實現；更有時候，或者由於無知，或者因爲愚昧，或是起於保守、頑固、懶怠、短見，甚至一己一黨的利害關係，人類把歷史的路向引到一個崎嶇艱難的道途上。這時改良的努力和進步的要求也就顯得更加渺茫和更加無助——好像一顆幼弱的種子，要在走石飛沙的乾旱裡生根；或是一涓千廻百轉的細流，要在岩間石縫裡辛苦地向着大海流去。然而在有心之士的倡導之下，在歷史的苦難經驗的琢磨之下，人類的知識總會逐漸洞開，一般人的道德意識和價值自覺也終將慢慢地成長壯大起來。因此，當我們從眼前的煎熬、苦悶與絕望之間，回頭遠溯人類歷史的時候，我們就會胸懷頓開，心生欣慰。活在自己的歷史時刻裡，那些有眞情、有遠見、有理想、有志氣的人，往往在失望敗落之餘，感喟自己生錯了時代——生早了幾十年，甚至生早了幾百年；可是如果我們放遠眼光，提高境界，把握更深一層的歷史意義和生命智慧，那麼我們就會發覺：歷來在那些有知有識有心有意的人的辛苦提倡，努力開導，甚至慘烈犧牲之下，雖然緩慢，可是社會是在進步，公義是在伸張；儘管崎嶇廻轉，可是歷史是朝着比較合理的大方向在慢慢蠕動。我們個人那看似過多的理想，正是推動社會逐漸進步的力量；我們個人那想來但覺與發太早的智慧，正是引導歷史一點一滴地走向合理的泉源。所以，當我們關心社會的成長和人類的走向，珍視自己所抱持的理想和價值的時候，我們同時也應該不忘胸懷一種遼遠的歷史眼光和曠達的生命智慧，不能專從眼前立刻就可以收取到的大成果和大理想，來加以考慮和計量。從個人燃燒殆盡的小我看來，這的確是有限而短暫的生命所逃脫不了的悲劇；但它同時也是我們人生當中，心意相傳，香火交遞的喜悅。從人類自覺到的空白浪費和進步得緩慢難堪的歷史片段來看，這的確是一個時代難以避免的無奈，可是它同時卻也是歷史進步長遠延緜的希望。「羅馬不是一天建造起來的」——羅馬有可能一天建造起來嗎？一天建造起來的理想有堅實的文化基礎嗎？一天就盛開怒放的願望能夠經得起歷史的風雨嗎？

我們個人的人生和人類總體的命運，全都充滿着這種歷史的吊詭和循環不息的艱難局面：偷生反死，身滅人存；看似危殆卻仍生息，表面絕望內藏生機——令人悲愴訝異的欣喜。

從這個觀點來看，我們可以說，眞正的知識份子都是早生百年的人，但是他們卻決非生錯時代的人。這是知識份子的悲劇，但卻也是人類歷史的希望。

4

知識份子的職責不僅在於開發知識、傳播知識和維護知識——免受政治的侵擾和社會的汚染；同等重要（而且往往更加重要）的是，眞正的知識份子必須能够在知識的基礎和重知識的原則之下，關心社會的價值走向，啓發人們的心智發展，提倡衆人對於生命意義與文化理想的自覺、關切和參與思考，以便進一步力求改善各方面的社會現狀，提高一般大衆的生活條件與生命素質。

簡單地說，知識份子所關心和注目的是歷史（文化）的走向，以及人類（社會）的前途和命運。不管時代的步伐多麼急促，或者歷史的軌跡怎樣迂迴，知識份子都要鍥而不舍地追問：這世界是不是愈變愈合理？我們的社會是不是愈來愈健全？人類的生命是不是愈活愈有意義？他們是不是愈過愈幸福？

由於知識份子所關心的經常是這類的「天下大事」，他們往往不維護任何個別的利益團體，也不特地有意從任何黨派的觀點來立言；同時由於知識份子總是早生百年而遙遙走在時代前面的人，他們的熱忱和努力不但未必常常受到一般人的讚賞和擁護，相反地，他們的思想與言論有時還會招致多方的誤解、嘲諷、排斥、甚至陷害。

就中國過去的文化傳統與舊時的社會情勢來說，農業立國、官僚政治與知識份子的命運，三者具有極爲密切的關聯。中國的知識份子向來活在政治的狹縫裡，沒有人權的保障，也沒有實力之護衞。他們所秉持的只是一種遙遠的文化理想和蒼茫的歷史「道統」的信念。當天下太平，政治清明的時候，他們或許還能奉獻所長，經世濟時；可是每逢時代黑暗，政治昏亂之際，他們就必須要有過人的勇氣和堅忍不拔，不屈不撓的精神，方才能够衆昏獨醒，雞鳴不已——這時，僥倖者或可在被排、被擠、被誣、被謗、被貶、被謫、被關、被禁、被罰、被刑之後，還能保全名節於汚濁，苟存性命於亂世；可是歷來曾經有過多少知識份子，他們卻沒有這般的幸運，他們爲了公義，爲了理想，堅持原則，堅持主張，最後成了歷史進化的犧牲品。

5

如果我們不把自己所處的時代過分加以放大，如果我們對自己這段歷史的重要性不做任意誇張，那麼我們可以說，過去的三十幾年只是中國悠久歷史的一個小縮影。這段時間在整個中國歷史的大流裡，跟長遠以來那些不計其數的興衰治亂比較起來，並沒有顯得特別突出而不相容貫。同樣的，過去三十年來中國知識份子的遭遇，也和長久以來知識份子的命運一樣，脈搏相通，前後照映。

不過，這三十年來，由於海峽兩邊——臺灣與大陸，大陸與臺灣——之間的長期分離，以及中國知識份子流落海外的數目日衆，形成歷史上少見的分佈局面。今天，如果我們要細數中國的知識份子，談論他們的品格、習性、際遇、抱負和職責，我們將不得不把他們粗畧地區別爲三個主要的類別：身居臺灣的中國知識份子、身居大陸的中國知識份子和身居海外的中國知識份子。

同樣身爲中國的知識份子，可是彼此之間由於生活地域不同，生存條件不同，社會處境不同，政治遭遇不同，關切焦點不同，因此長久以來，彼此之間連知識上的着重範圍、信念上的根本假定、價值上的輕重取捨、行爲上的待人接物，甚至語言上的表達方式，也都不太相同，甚或大爲不同。在這樣的別異參差之下，大家如果要一齊來共同關心「天下大事」，首先我們就需要提倡這三個分域的知識份子之間，在知識上、在信念上、在價值上，在處事行爲上，甚至在語言上的溝通與瞭解。這些基層方面的溝通是其他方面之溝通的基礎，是促成其他方面之溝通的必要條件（雖然不是充分條件）；沒有了這些基層方面的溝通，要想進一步談論更高層次或者更加複雜以及更加充滿爭端的溝通，結果進行起來一定變得額外艱難，事倍功半。

比如，在分離隔裂了整個世代之後，現在要談論「認同」、「回歸」或「統一」的問題時，這些問題全都不再是些單純易解的問題。像這類的問題現在全都含有多個層次的交錯重疊，一個層次鈎引着另外一個層次。比如，倘若我們不能在這類問題上，區別政治的層次和文化的層次，分辨情緒的層次和知識的層次等等，那麼我們的許多努力也就容易淪爲本末倒置，我們的許多言論也就不免流於迂腐多烘。

前面說過，知識份子是要在知識的基礎上和重知識的原則之下，來關心「天下大事」。從這個觀點看，今日我們若要講究兩邊中國的溝通，最重要的莫過於提倡知識上的溝通；現在我們若要倡導全體中國人的交流，最重要的莫過於致力知識上的交流。假若大家沒有共通的知識做爲後盾，那麼只是大喊「認同」，高談「回歸」和疾呼「統一」，結果往往捨本逐末，甚至容易流於注重表面，而沒有照顧實質，講究形式而忽視了內容；甚至引起緊張，製造難局。於是，我們很可能只是無意地再重蹈歷史的錯誤——只是由一次舊的錯誤跳躍到另外一次新的錯誤而已。

6

談到知識的提倡、知識的推廣、知識的交流與知識的溝通，知識份子顯然應該全力以赴，責無旁貸。

可是這三十年來，處於國內的知識份子——不管是在大陸或在臺灣，在臺灣或在大陸——雖然在程度上容有分別，以往的情況與目前的局面有所不同，個人的遭遇有幸與不幸之差異，然而一般說來，全都沒有像海外知識份子那樣，享有絕大的自由和良好的環境，可以暢順無礙地探討知識，無拘無束地鑽研學問。大陸方面，過去在「政治掛帥」之下，一向有種輕視知識份子、敵視知識份子，甚至侮辱知識份子和迫害知識份子的作風。這種作風在當前被大陸上的人鄙稱爲「十年浩刧」的文化大革命期間，達到了幾乎史無前例的高峯。那時候的知識份子眞正可以說是活在水深火熱之中，求生不得，求死不能。絕對談不上擁有思想自由、學術獨立、知識追求不受干擾以及言論發表不虞遭受迫害的保障。現在這場歷史上的惡夢雖已痛苦地過去，但是它對整個中國，對全體中國人，尤其對中國的知識界和學術界，所造成的嚴重打擊和長遠的遺害，卻不知到何年何月才能完全康復痊癒過來。反觀臺灣方面，政治對學術的干擾在程度上和在打擊面的廣度上，都比大陸的情況輕微縮小得多。事實上，這三十年來臺灣已經辛辛苦苦地培養了一批有血有肉，可敬可愛的學者和知識上的專家——在許多專科方面，其數量與素質往往超過這三十年來比臺灣地大兩百多倍，人多五十幾倍的大陸自己教育出來的學者和知識上的專家。可惜的是，在臺灣目前的民智如此高漲之下，言論自由居然依舊是個大問題。臺灣對這個問題如果不能趕緊加以正視，努力設法加以解決，那麼長遠看來，可能潛伏着一種可怕的危機。知識高長之後，神話與迷信就不能再流行；言論自由的發揚正可以導致人們更加重視知識，進一步尊重理性，因此不盲目妄動，不情緒用事。而今，如果我們壓抑言論，堵塞表達，它所產生的惡果不僅在於表面層次那「甚於防川」的危險，更重要和更基本的是，在二十世紀的今天，這將導致一般的人更不重視知識和更不尊重理性的習慣，認爲說理無門，力量第一；理性不行，權勢至上；甚至進一步誤認政治本來就非理性，人生的存在更是「荒謬」，於是鼓動風潮，製造現象，訴諸情緒，爭取權力。萬一到了這個地步，那麼臺灣最近這些年來在各方面的進步與繁榮的成果，很快就可能化爲烏有。我們很容易又走回以神話製造勢力，以迷信代替知識的歷史逆流裡。這是一件多麼令人擔憂的事。

說來似乎詭異：臺灣這些年來在政治經濟上的成就，帶來了社會的顯著開放與民智的急速增長，可是這種開放與增長，卻又造成政治上的難局與困境！不過，這樣的弔詭，只是表面的弔詭，因爲臺灣目前所面臨的政治難局絕不是無法解開的難局，那樣的困境也並不是不可突破的困境；只要我們記得，在目前的情況之下，眞正的開放會帶來生機；封閉與狹限不但無法達到預期的目的，反而會阻礙進步，侵蝕已有的成果，將自己圍困在愈來愈深的歷史難局之中。

事實上，不僅臺灣如此；大陸也當如此。在提倡現代化的口號之下，在努力要彌補「十年浩刼」的殘害之建設聲中，重視知識、廣開言路、提倡理性、尊重知識份子；以及實行民主、允許自由、保障人權、推行法治；甚至要開放或要封閉、要革新或要守舊等等的問題，都會應運繁生，接踵而至。一段艱難的歷史道路正橫在眼前，必須辛苦地走下去——爲了整個中國，爲了全體的中國人；不是爲了某一個黨派，也不是爲了某一個政權。

總之，中國兩邊的知識份子過去都曾有過一段崎嶇而辛酸的歷程；今後也有一份沉重而久遠的責任：提倡知識，發揚理性，努力使社會走向健全合理的道路，將國家推往進步繁榮的方向。

7

比較起來，海外的知識份子顯然幸運得多。他們沒有受到那麼多政治上的干擾，絕少遭遇到人爲的迫害。他們環境好，設備佳，可以專心學習，致力研究，自由思想任何問題，暢所欲言的發表自己的言論。

可是相對來說，比起留居國內的知識份子在這艱苦的三十年裡的成就而言，海外知識份子的成就，無論就質的方面來說，或就量的方面來論，似乎都沒有達到他們應有的成就比例。倘若我們兼而計較他們所表現出來的品格、修養、見識與抱負，那就更加令人失望。這三十年來，海外的中國知識份子並沒有普遍地樹立一種典型與風範，開發良好風氣，指導正確方向，代表社會良心，充當萬人表率。相反地，在這三十年裡，尤其最近這十五年間，有些海外的知識份子屢屢表現出一種精神上的迷惘，情懷上的淺浮，心態上的虛誇和學問上的賣弄。在歷史事件的際會點上，搖擺徬徨，無法把握自己；在政治旋渦的邊緣，投機附和，長袖善舞；在工商風氣與大衆文化的激盪之下，製造鏡頭，賣弄江湖；並且在私利與特權的誘惑之間，趨之若鶩，爭先恐後。眞的，今日的海外知識份子很少給人一種清新的印象；相反地，有些海外的知識份子經常給人一種混濁的感覺。

這十幾年來，以美國爲主的西方國家，爲主要來自臺灣的學界，培養了一大批高層的知識份子。他們辛苦鑽研，努力奮鬪，在學問上取得一些或大或小的成就。可是由於他們長期浸染在像美國那種商品至上，消費第一的工商社會，呼吸他們那種低淺空洞，輕浮虛誕的通俗文化的空氣，耳濡目染，積久成習；偶一不愼，容易未受其益，先蒙其害。於是上上者，在社會環境的壓力之下，雖然難免不與同流，但卻力圖避免合汚；心存知識份子應有的歷史使命與文化理想，謹言愼行，潔身自愛。可是下下者，卻努力迎合社會潮流，拋開自己文化傳統的優良成素，走勢利鑽營之江河而盲奔，順虛誇賣弄之浮風以日下。追求名利，不講氣節；未知義不容辭，但先「利」無反顧；勾結大衆傳播，蒙蔽群衆；自吹自擂，人工膨脹；將被蒙在鼓裡不知眞情的大衆所發出來的掌聲和讚語，拿來自我陶醉，充當營養。那樣的「學人」敗壞了學術的紀綱，汚染了學界的風氣，破壞了知識份子的形象。

近年來臺灣經濟繁榮，人民生活水準提高，大衆文化普遍風行。報紙、雜誌、電臺、電視等傳播媒介，有時不覺不察，竟也利用處理商品的辦法來對待學術，以製造電影明星的手段來加諸學界人士。一些傳播媒介的主持人和大批「無冕之王」的新聞記者，沒有深切考慮這種作法對學術界的長期傷害，以及對整個社會的深遠遺毒，你爭我奪地胡吹亂捧，製造現象；配合通俗文化的飛揚和消費主義的濫觴，塑造「學術明星」，製作知識廣告。恰巧有一部份的知識份子不知愛惜羽毛，一味趨附迎合；於是留洋不久，學有小成，就被封作「權威」；在外教書幾年，羽毛未豐，忽然也變成「重鎮」；喜歡到處開會，到處搞關係，到處弄名堂，竟然在轉眼之間搖身一變，成了一方神聖！

試想：學術上的成就，可是如此簡單容易？知識裡頭的建樹，可是這般隨便輕鬆？試想：如果我們知識份子自己不知堅守學術上該有的分際，只是隨便飄浮在大衆文化的波瀾之上，不擇手段，大搞「學術明星的知名度」，那麼我們的學術界將會變成什麼模樣？試想：如果我們知識份子自己不能發揮知識上的敬業精神，輕鬆地放手允許傳播媒介盲目抛送的銜稱與封贈，順手接來，充當養料；那麼我們的知識界又會淪落到何種地步？試想：知識份子不知自重，誰來尊重我們？等到有一天，沒有人尊重我們，那時我們還談什麼充當社會良心，樹立萬人表率？還談什麼關心歷史文化，胸懷天下大事？——我們連自己的私人小事都分辨不清，進退失據！

當然並不是所有海外的中國知識份子一概屬於同一品種。他們顯然也不是全都具有同樣的品格，懷有同樣的抱負，養成同樣的習性。事實上，中國學人所在的每一個角落，都有一些默默耕耘，認眞爲學，潔身自愛，關心歷史走向與文化發展的有心之士；可是，他們決不是一些喜歡自吹自擂，喜歡與記者周旋，喜歡追求被人訪問，喜歡上電視，喜歡擠去參加會議，喜歡爭著接受招待；熱中於拉關係，熱中於弄名堂，熱中於搞頭銜的人。只可惜這些人並不一定爲我們衆人所知悉，甚至不一定爲我們的社會所注意，結果代表學術界發言立論的，往往反而是那些善於鑽營，善於利用大衆傳播媒介，善於製造鏡頭的人。

所以，前些時候臺灣曾經有人注意到「留美學人」對臺灣所帶來的弊害。這絕不是空穴來風，無中生有。目前臺灣業已發生過海外知識份子回國敗壞學術部門，甚至敗壞社會風氣的事例，今後我們如果不特別小心，自我檢點，很可能在無意無識之下，在不知不覺之間，對中國的學術界還未做出積極的貢獻之前，就已首先造成一片傷害；對中國的歷史文化仍然不知如何着手發揚之前，已經先帶來了滿地的汚染。

8

我們已經說過，在當今這樣的局面之下，在目前這個歷史事件的際會點上，所有中國的知識份子——不論身居國內兩邊，或是海外各地——全都應該負起一份提倡知識，發揚理性的責任。中國兩邊只有在知識上有了交流之後，進一步的交流，以及最後政治上的交流才有堅實的基礎。同樣的，大陸對臺灣，或者臺灣對大陸，也只有在理性的基礎上——而不是在情緒的基礎上或者黨派政權的利害關係上——談論溝通，提倡「統一」，這才是整個中國的光明，也才是全體中國人的福利。

這樣的知識交流和理性的溝通顯然是不分海內或海外，而是屬於全體知識份子的事。然而，由於各種特殊的因素，海外的知識份子顯然具備着比較優良的條件；因此，他們理應提供比較積極和比較有力的貢獻。

可是就在這個重要的關鍵上，海外的知識份子不可不深切檢討，細心反省：我們到底要以什麼樣的心境，去提倡交流，做起來對整個的中國才是有利而不是有害？我們到底要以什麼樣的態度去講究溝通，實行起來才是全體中國人民之福而不是他們的不幸？我們到底要以什麼樣的胸懷去尋求「統一」，進展起來對中國的歷史文化才算有功而不是有罪？

這是我們不能不深思細想的事，也是值得我們積極參與熱心討論的課題。

9

這幾年來，香港中文大學和廣州中山大學之間，有一項學術交流的協議與計劃，雙邊在一些學術領域裡，展開訪問講演，交換教學經驗和比照研究成果的工作。

今年春天，由中山大學哲學系的人員出面聯絡，提議邀請中文大學哲學系的同仁參加一個科學哲學的學術討論會，該會是以廣東省科學哲學研究會的名義籌辦；後來定名為「省港首屆科學哲學學術交流會」。從六月二十六日晚上到三十日中午一連四天，在深圳市舉行。

這種性質的哲學討論，在海外經常召開，司空見慣，因此中文大學哲學系的同事，起先對它並沒有表示特別濃厚的興趣。不過，經過一兩次的交換意見，大家認為：即使在目前比較開放的情況之下，要在大陸裡面對外召開這樣的學術會議，可能也並不是海外的人所憑空想像的這麼簡單——倘若是在幾年以前，比如「四人幫」當權的時代，這樣的構想簡直就是匪夷所思，不可想像；因爲西方的科學哲學的思想，依照當時大陸上所流行的官方立場來評斷，顯然屬於「反動的」學說——想到這裡，大家也就覺得香港和廣東的學術界之間在這方面的交流與溝通，並不是一件全然沒有意義的事。雙方可以懷着一種彼此觀摩，互相比較的心情，進行討論，增加彼此的認識；打破成見，開啓瞭解的門窗。大家不再只是基於政治上的口號或立場，就急於評斷對方的學術思想；也不要由於缺乏充分的認識，就無端地抹殺他人的知識成就。類似這樣的學術交流可能是目前大陸與海外之間，最基本最切合實際的交流；這種知識上的溝通也可能是當今在海內與海外，以及臺灣與大陸之間，最值得努力提倡的溝通。

於是中文大學哲學系方面決定應邀赴會，並且將它看成是公務的一部份，由系內同仁組成一個小組，代表系裡前往深圳參加。

這個學術交流會採取密集的演講和論文宣讀以及有組織的小組討論兩者分開舉行的方式。通常是上午演講或宣讀，下午小組討論。雖然名爲交流，可是主辦方面顯然有意多聽取外來客人之觀點和內容，因此在時間的安排上，給與他們極大的優待。比如，大會分配給港方代表演講和宣讀的時間，一般是每人一百分鐘，可是指定給自己的學者使用的時間，通常卻只有三十分鐘到四十分鐘；又如，大會偶爾無法嚴格控制發言時間，因此拖慢了進程，遇到這種情況發生，主辦人員總是將自己方面的論文臨時抽去，但卻未曾減少和縮短港方的論文宣讀時間。不但如此，偶爾香港方面的代表雖然宣讀了一百分鐘，仍有意猶未盡之處，事後主辦方面竟然提議於翌日將自己方面的一些論文抽去，好讓港方代表暢所欲言。（他們從頭到尾一直強調要向港方代表多多學習。）港方代表當然謝辭這種「不平等」的待遇，沒有照辦。不過，從類似這樣的小事之間，我們就可以看出來，雖然事隔三十多年，可是今日的中國大陸辦起事來，依舊是很傳統很中國式的。比如，自己謙卑，優待客人等等；另一方面，經過這麼多年的關閉、封鎖和其他人爲的殘害，他們的學術界大概也的確迫不及待地渴望呼吸一點外面的空氣。

此次交流會的內容如下（有星號的，是港方提出之論文）：

（六月二十六日晚）

見面會：致歡迎辭

港方代表發表談話

（六月二十七日）

大會發言：

☆當代科學哲學的兩大派別

談科學哲學問題

科學哲學研究中的幾個問題

分組討論

（六月二十八日）

大會發言：

我國現代化諸因子的相互關係

系統概念對科學哲學的啓示

愛因斯坦對科學哲學的貢獻

☆科學的哲學和世界假設

分組發言與討論

（六月二十九日）

大會發言：

☆理論的作用和理論的證立

科學與科學形態問題

試論熱力學初始概念的性質

科學家與理論思維

分組發言與討論

（六月三十日）

大會發言：

☆社會科學中的客觀性問題

關於觀察的客觀性問題

分組討論

結束會：省港代表發言

在整個會議過程之中，參加的人顯然都很珍視這種知識交流和學問溝通的機會，大家表現出一種認眞研究的態度和嚴肅探討的精神。雖然在大會演講和宣讀的時候，聽衆沒有機會提出問題，進行批評和參與討論，可是在事先安排的分組討論之中，大家卻能够不分立場，不論來歷，踴躍發言，熱心討論；有時爲了一些重要論點和基本原則，彼此甚至無分主客地爭得口沫橫飛，大家不別你我地辯得面紅耳赤。

雖然港方的代表也輪流參與充當大會主席之職，不過這次「交流會」主要還是由中山大學、華南師範學院和廣東教育學院的資深學界領導人所主持（一位副校長和兩位副院長）。他們都是在一九四九年之前業已學有所成（三人平均年齡超過六十三歲），其中一位七十三歲，年事已高，在抗戰時期已經當了大學教授，臺灣光復不久還到過臺灣大學去客座任敎。這些人在「十年浩劫」之中，全都嚐過苦頭，遭到橫禍；而今刼後餘生，大難不死，從「牛棚」裡步走出來，還得忍昨日之辱，負明日之重，爲教育下一代奔波操勞，承當責任。想起這一代中國知識份子的慘痛遭遇，想起那十年的恐怖風暴，不禁令人仰天噓嘆——也叫人爲中國的前途和全體中國人的命運，感到惶恐和焦慮。

聽說廣東是將科學哲學歸類於自然科學之下，因此在他們的科學哲學研究會中，含有許多科學界與科技界的會員。比如在這次前來與會的正式名單之中，除了含有來自哲學系的人員外，還有來自物理系的，來自醫學院（包括中醫學院）的，來自農學院的，來自工學院的，來自教育學院、師範學院（或師專）的，甚至來自水產學院以及來自科技研究所的。不但如此，有些目前隸屬於哲學系或教育學院等等機構的人員，原來出身理科各系，因此具備了起碼的科學知識。也許因爲這樣的緣故，目前廣東在科學哲學上的研究，聽說處於領導的地位。這次的交流會是他們科學哲學研究會的一次創舉，備受他們各地同行的矚目注意；他們也將在明年籌備整個大陸「全國」性的「西方科學哲學討論會」；而且目前大陸上的學界正在着手進行編纂的「大百科全書」（其中天文學卷，一百二十萬字，業已出版）的五十八個學科，七十卷之中（可能添加「卷外卷」），屬於哲學的兩卷裡，那些有關自然科學論的部份（包括科學哲學）也是由廣東方面負責領導編寫的。

從參加這次會議的人員所做出的表現看來，大陸上仍然有不少學者在那裡認眞思考問題，努力尋求答案。他們並沒有完全受三十年來的政治教條所桎梏。他們在經歷那十年的災難之後，也依然沒有絕望，仍舊繼續在向前摸索。可嘆的是，這些年來的政治作爲，在學術界裡所遺留下來的傷痕，不容易立即痊癒；十年風暴對敎育界所造成的禍害，不知到幾時才能彌補過來。中國人經過這段黑暗的歷史，學術精神敗壞，知識元氣大傷；現在雖然爲了提倡現代化，不得不大量起用舊時的知識份子，可是一個社會，一個國家，一個文化裡的學術傳統與知識風氣，一經政治力量的大力摧殘，那就不知要等到何年何月才能復元健康，舒暢壯大起來。

一般來說，大陸上的思想界和哲學界仍然十分封閉。他們固然有人着手研究乏晰邏輯(fuzzy logic，他們譯作「弗晰邏輯」），有人著論維根斯坦(Ludwig Wittgenstein，他們譯爲「維特根斯坦」），可是類似這樣的探討往往停留在點狀的孤立研究和個別人士的獨自努力之上。哲學仍然沒有全面發揮一種眞正的反省、思辨和批判的功能。

就以科學哲學的範圍來說，目前大陸上的學者比較熟悉的是庫恩(Thomas Kuhn)和波柏爾(Karl Popper)——以及後者的學生拉卡托斯(Imre Lakatos)——等人的學說。他們對於從理論發展的觀點看應該先於這類學說的所謂「公認見解」(the received view)少有所知，因此對於卡納普(Rudolf Carnap)極爲陌生，就是對於到過大陸短期講學的漢倍爾(Carl Hempel)的理論也不甚了了。至於對那些後來成名的韓遜(Norwood Hanson)和懷拉邊德(Paul Feyerabend)，以及批判所有這些理論的後起之秀勞丹(Larry Laudan)所知更少，簡直可以說是聞所未聞。

這是因爲長期閉關自守的結果，也是學術界欠缺一種獨立探索和自由研究的表現。只是做些點狀的研究——即使認眞深入——往往仍然無法接觸到知識的精髓，尤其不能貫徹一個理論的系統意義，以及疏通種種重要問題的來龍去脈；容易養成獨斷與偏見——最多是由一個獨斷過渡到另一個獨斷；由舊有的偏見轉化爲新起的偏見。

10

這次的「交流會」完全沒有人呼喊政治口號，也看不出有人懷着敎條的興趣；可以說是純正的學術交流。這是令港方的代表覺得十分滿意的地方。他們不是接受招待而去，因此旅費食宿，甚至論文影印都完全由港方自己負責辦理。不過會議之後的中午，深圳市的一位官方人士在旅店餐廳就近招待此次會議那三位主持人，也邀請港方代表一起午餐。席中大家天南地北，輕鬆談笑；有的互道老鄉，有的相問「出身」；大家既不掩飾目前大陸上的種種問題，也不諱言臺灣在某些方面的進步與繁榮。在那次午餐後，港方代表啓程返港前的一段短短的閒談之中，主人說明了深圳經濟特區的意義，以及特區與香港的未來關係之後，大家無意間提到臺灣。他也輕鬆地認爲：臺灣拒絕與大陸交流溝通，這也不必着急；大家「慢慢來」，「彼此競爭」，以便大家「增長補短」。（他還更進一步返回到極爲傳統和極爲中國式的念頭上去：反正「天下分久必合，合久必分」！）

比起官方那「統戰」的氣焰，這類「非官方」的想法，反而顯得合乎理性和符合全體中國人的利益。目前大陸百廢待舉，問題叢生，三十年來到底是否走在一條正確的道路上，正是值得檢討，值得懷疑，值得補救改過的要務；未來的方向正需要所有中國的有識之士和有志之士一齊來思索探討，設計研究；同樣地，臺灣方面，這麼多年來，有它的進步，可是也有它的問題，有它的繁榮，但是也有它的難局；就在這樣的歷史際會點上，在雙方都需要進一步艱苦地努力去克服自己的重大困難，爲自己——而不是爲對方——辛苦地去尋找一條更健全更合理的出路時，大家匆忙草率地談論「認同」，提倡「回歸」和高喊「統一」，這對整個中國有益嗎？這對全體中國人有利嗎？這是整個中國文化之幸嗎？

知識份子是關心「天下大事」的人。在當前的歷史事件的交滙點上，我們應該認眞思想這些問題，努力去尋找正確的答案。可是在這個重要的關鍵上，我們到底要以什麼樣的心境，去提倡交流，做起來對整個的中國才是有利而不是有害？我們到底要以什麼樣的態度去講究溝通，實行起來才是全體中國人民之福而不是他們的不幸？我們到底要以什麼樣的胸懷去尋求「統一」，進展起來對中國的歷史文化才算有功而不是有罪？

讓我們努力去思考，尋找出合理健全的答案來。

（一九八二年八月一日）

歷史是甚麼?

——兼論反對日本修改歷史教科書事件

1

最近這幾個星期，由於日本的教育部（文部省）授意修改了他們學校的歷史教科書——特別是對日本在第二次世界大戰及戰前，統治朝鮮和侵略中國及東南亞的作爲，加以掩飾性的描述與解釋；而又拒絕重新改正過來——於是在亞洲幾個地區（包括日本本身）引起一場軒然大波，至今尚未完全平息。這是一個非常富有教育意義的事件，它牽涉到一些值得全世界的每一個人——包括日本人——好好去深思細想的問題。

不過，平時我們思想問題的時候，除非格外小心謹慎，否則容易只是順着習慣的反應模式，甚至跟從自己已經養成的情感導向，直截了當地得出一個自以爲是的答案。這樣得來的簡單答案，往往不能直指問題的核心，幫助我們洞察與此問題相關的事態之眞相；當然也就更談不上利用這種答案，進一步合理地去解決問題。

比如，就以此次反對日本人修改歷史教科書一事來說，倘若他們反問我們，我們爲什麼如此堅決反對和強烈抗議，這時我們要怎樣回答？我們只說因爲歷史是不容許任何人修改嗎？假如他們進一步反問：你們中國人歷來不也一直不停地在修改歷史和美化歷史——包括現代史、近代史、甚至幾乎是昨日的歷史？那麼我們又要怎樣回答？我們只說那是我們自己「家裡」的事，不必他們多事過問嗎？如果他們因此回答說：所以我們彼此都不要干預對方的內政，自己寫自己的歷史。日本人不反對中國人在自己的教科書上大書「三光政策」，特寫「南京大屠殺」；但是也希望中國不要干涉他們使用「進出中國」、「保證治安」和「大東亞共榮圈」等字眼。這時我們又要怎樣回答？我們只說：可是你們所屠殺的却是我們的同胞嗎？試想：我們到底應該怎樣作想，如何答覆，才能眞正表示我們反對日本「竄改歷史」的正確理由？

2

每當我們接觸到「爲什麼」——尤其是爲什麼如此行爲——的問題時，首先我們應該清楚明確地區別導致某種行爲的原因和從事該一行爲的理由；因爲促使我們衍發行爲的原因成素，未必就是我們爲什麼要如此行爲的理由根據。我們都知道，在我們的種種行爲當中，有時我們一方面事出有因，同時另一方面也行之有據；可是另外有時候，我們雖然事出有因，但却了無理由根據；當然也有時候我們也許無因無故而爲，但所做出來的事並非在道理上站不住；也有時候我們糊里糊塗地做，既沒有什麼原因，也沒有什麼理由。尤有甚者，人類行爲所依憑的理由根據，是可加以推廣，加以普遍化的；同樣的理由可以應用到相似的所有個例之上，用來支持所有相類的行爲。可是原因就不一定：相類的事件不一定會引發我們相似的反應（比如，受到侮辱，有人報復，有人忍受）；反之亦然，相類的行爲反應，也不一定出自相似的導發緣由。不但如此，人類行爲所依據的理由，有正當和不正當的分別；有是對是錯的問題；因此我們可以將它們拿來加以討論，加以比較，加以批判和加以定奪，做出合理客觀的結論。可是行爲和導發因素之間的因果關聯，就沒有正確與否，或者對與不對的問題——最多只有自然與否，「正常」與否，常見與否等問題；它們之間的關聯是一種「事實」的關聯（有無發生，是否如此發生的問題），而不是一種「證立」的關聯（對與錯，該不該如此的問題）。

回到我們所關心的問題上來說，顯然我們對日本修改教科書一事所提出的堅決反對和強烈抗議，一方面具有切身的原因（尤其是情感上的原因），同時也擁有光明正大的理由（包括有關感情方面的理由）。不過我們却得特別小心注意，不要因爲義憤填膺，因此變得理直氣壯，就把原因和理由這兩方面的事，混淆在一起，以致影響我們的判斷和認知，甚至扭曲了我們的決策與行動。

3

在感情上，至今仍然還有無數的中國人，一提到日本，就油然生起一份不共戴天的仇恨。這顯然不是沒有原因的。我們當中，有的甚至本人就是當時身歷其境的受害者。不談別的，單是一九三七年冬天，日本攻陷南京之後，所進行的那場殘暴淫亂和瘋狂屠殺，就足以構成永世洗脫不清的滔天大罪。在人類的文明史上，永遠留下一筆震顫人心的千古汚點；與納粹德國對猶太人所進行的集體殘殺的慘酷，前後並臭，其罪行與獸性的表現，甚至有過之而無不及。

可是隨着時光流逝，八年對日抗戰的痛苦與悲慘，慢慢會在整體中國人的記憶之中，逐步稀釋，漸漸淡却。再過五十年，很少有人擁有一份親自經歷的恐怖經驗和慘痛回憶；那段歲月裡的一切災難與辛酸，也將逐漸變成歷史的過去，甚至慢慢成了字面上的蒼白陳跡；需要後人留心細想和着意憑弔，才能比較清楚、比較明晰的勾繪出生動鮮明的間接印象。於是身歷其境的驚心動魄和親身體嘗的震顫傷痛，都將慢慢隱跡消逝，剩下來的只是一些有心、有意、有知、有識、有感、有情的人的設身處地的認知和共鳴交感的追憶。

然而，歷史就是這樣嗎？只要時光流逝，物換星移，一切的一切——不論歡欣喜樂，抑或悲傷痛創——全都交付塵封泥蓋，長古掩埋，再也引發不起人們眞切的體會，不能給予後代一份寶貴的啓示嗎？

4

事實上，今天我們堅決反對和強烈抗議日本人改寫歷史，決不只是因爲我們自己（或者我們的同胞）本身就是身歷其境的受害者。事實上，當今有許多的年輕人根本沒有經歷過對日抗戰的艱苦，也沒有自己忍受過日本侵略的禍害；可是他們却一樣在堅決反對和強烈抗議。不但如此，我們的反對和抗議，決不只是因爲日本對我們的侵略與欺凌，至今事隔不過三十多年，噩夢初醒，血跡仍在，居然就有一部份的日本人急不及待地要爲自己（還不算是爲他們的祖先），洗脫罪名，粉飾那雙血汚斑斑的侵略爲惡之手。所以，事實上是不是屬於親身的慘痛經驗，是不是在時間上的接近比鄰，這些全都不是——而且也不應該是——我們嚴正反對和激烈抗議的主要理由。這些因素最多只不過是我們爲何如此熱血沸騰，爲何如此義憤塡胸，爲何如此激情難耐的主要原因而已。可是我們已經說過，引發我們行爲的原因——即使是最主要、最重大、最常見、最自然的原因——也不自動構成我們所以如此行爲的理由。」

試想：倘若是在百年之後，日本人才着手修改侵華史實，那時我們要不要反對？假定日本人在大戰期間所姦淫毒害和虐待屠殺的不是我們自己的同胞，而今他們粉飾歷史，我們要不要反對？假如今天的德國——不管東德或是西德——歪曲當年納粹屠殺猶太的事蹟，我們要不要反對？假若美國有意隱瞞他們過去殘害紅人的往事，我們要不要反對？假設我們自己粉飾歷史，抹煞史實，我們要不要反對？也就是說，我們當今所提出的反對和抗議，是不是建立在堅強有力的理由之上——這些理由是不是可以普遍化，概括化，將它應用到全體的個例之上——而不只是因爲恰巧我們懷有強烈的民族感情，也不只是因爲我們至今感觸仍在，記憶猶新。

只要我們從這樣的角度去設想——而且也只有當我們朝着這樣的方向去觀看——我們就會——而且才會——正確地把握目前我們反對日本修改侵華史實的眞諦；我們也才能合理地決定自己在這個事件當中，所應該採取的立場、態度和作法。

5

所以，如果日本人說我們的反對和抗議是干涉他們的內政，我們要堅決地回答說：絕對不是。反對竄改歷史是所有人類份內的事。它是不分國籍，也不論民族，大家共同的正義之擧。（我們也許因爲身受其害，因此更有原因起來激烈反對；可是其他的任何人，也跟我們完全一樣，具有充分的理由參加我們的行列）。假若他們進一步反問：中國人歷來自己不也在不斷粉飾歷史，甚至明顯地竄改歷史？我們的答覆也是——而且也應該是——同樣的堅決：我們也要一樣加以反對，一樣強烈提出抗議！我們決不能只顧自己放火，而不許別人點燈。

我們自己歷來有沒有隱瞞史實？當然有；我們的祖先有沒有「經略」過別人？當然有；他們有沒有到人家的土地上去「遠播國威」？當然有；我們以往有沒有燒殺過別人和燒殺過自己的同胞？當然有；我們現在有沒有人仍然在竄改歷史，抹煞史實？當然也有。那麼，這樣一來，豈非表示我們因此也就沒有理由如此強烈反對日本修改侵華史實——除非我們自己也能從頭到尾徹底「淨化」自己的歷史？甚至更進一步，也能將所有人類的歷史從古到今完全還以本來的面目？對於這樣的問題，我們的回答也是一樣的堅決：當然不是！

第一，我們已經說過，我們不但反對日本人竄改歷史，我們也反對自己竄改歷史。我們所信奉的原則是：凡人都不應該竄改歷史。這是一個可以推廣、可以概括化的原則。中國人是人，因此中國人不應該竄改歷史；日本人也是人，因此日本人也不應該竄改歷史。中國人應該起來反對自己和反對別人竄改歷史，日本人也應該起來反對自己和反對別人竄改歷史。

第二，雖然全世界的人——不分古今中外的所有的人——全都不應該抹煞史實，竄改歷史；可是這並不表示：若要爲歷史存眞，要麼古今中外，所有人的歷史都一齊還以本來面目；否則我們就沒有理由禁止某些人竄改他們某一時代的歷史。天下所有的事，並非不全卽空，非一則零。

我們取捨行事之間，必須注意事物的本末先後和事態的輕重緩急；考慮着手的起點和進行的秩序。就我們現在談論中的事例來說，那些至今才事隔三十年，人證物證俱在，宛若昨日發生的慘痛史實，我們顯然應該全力求眞，無所鬆懈。我們不能有意捨此，改去追究一些證據恐怕早已湮滅無存的遠古事實。同樣地，對於可能導致嚴重後果的史實歪曲，我們應該首先加以揭發；對於影響甚微的小事細節，我們可以慢慢再求矯正。

也許有人會跟着立卽反問：這不是一件不公平的事嗎？這樣做豈不是對於過去與現在採取不同的標準來衡量嗎？這不是薄此厚彼，律今嚴律古寬嗎？

是的。人類歷史的展現從來不是靜態的累積，人類的生命活動也不是千篇一律的重複。歷史有它的律動與變化，特別是有它的演進和改良。古時的人類野蠻粗暴，獸性頻發，因此我們的祖先——不論屬於哪一種族，哪一文化，或者哪一國家——全都難免有過一些從現代人的觀點看，實在屬於不太光彩，甚至的確可以說是極不文明的作爲和表現。他們侵略、倂呑、搶刼、殺戮；他們奴役己人，殘害他族；他們不講道義，但圖生存。而且一般來說，愈是遠古，這類的不光彩和不文明的作爲，其程度等級愈烈，其管制和揭發愈難。

然而，人類歷史的進步事跡明白地告訴我們，人類必須從過去的失敗和錯誤裡，獲取寶貴的啓示與敎訓，以便開創一個更加美好的將來。從這個觀點來看，並不是以往人類怎麼做，如今我們也就可以跟着照做；同樣地，我們爲了脫却歷史的包袱，自求發展和創新，也並不需要首先修改自己祖先過去的歷史——我們不必藉着修改歷史，來令我們的行爲合理化。過去有錯，我們可以坦白承認，立志爾今爾後，改弦更張，不再給後代繼續留下錯誤的前例。我們並不需要首先追溯以往，看看是否有正面積極的事例可尋。假若以往的確沒有良好的前例，我們也不必牽強附會，改變歷史，製造虛假的偶像。從這個觀點來看，人類選取抉擇不當，但卻訴諸過往的歷史先例，做爲行爲合理化的根據，以爲有例可援；這樣做固然是一種謬誤；然而，居心良善，目的雖好，但卻盲目「託古改制」——也是令人以爲有例可援——也同樣是一種隱藏的危機！事實上，訴諸歷史的謬誤和託古改制的危機，在基本上，意義相通，錯謬同源，兩者全都忽視人類自動自主的行爲抉擇，以及自發自覺的價值認定，企圖以一種永恆而千古不變的價值內涵，來替代可以創新、可以進化的歷史方向。這是我們讀史的時候，不得不特別警惕的地方。

6

可是一般人對歷史存有一種很天眞的想法——因而以爲要爲歷史存眞，是一件輕而易舉的事；他們過分簡單地假定，歷史就是人類活動的全部眞實記錄。所以只要我們小心謹愼，客觀不偏，就可以獵取到完整準確的歷史記錄。他們不知道，歷史從來不是如此，現在不是如此，而且永遠都不可能如此。

「歷史」一詞通常有兩層意義：一是指人類活動的實際過程，另一是指我們對於上述這種活動過程的記載。本來人類實際的活動過程，只有發生或者沒有發生，存在或者不存在的問題，根本沒有虛假僞作，偸眞竄改的問題。可是，由於個人的生命有涯，經驗局限，因此我們在絕大多數的情況之下，只有通過記載的歷史，才能認識人類實際活動過程的歷史。這樣一來，歷史的記載是否忠實可靠，證據是否贋製僞作，也就足以影響我們對歷史實際過程的認知；甚至進一步左右我們人生的其他判斷與行動。這就是爲什麼我們要那麼堅決地反對竄改歷史，要那麼努力地主張恢復歷史本來面目的緣由。

不過，反對竄改歷史也好，主張恢復歷史的本來面目也好；這類想法的背後，往往容易潛存着一種過分的假定，認爲我們對歷史的實際過程可以原原本本，如實依樣的加以描寫記錄下來：客觀而眞實，完整又無缺。然而，這樣的假定是空洞無根的，因爲那樣的歷史描述根本絕無可能。卽使退一步來說，就算有此可能，那樣的歷史記載對人類文明來說，也絲毫沒有用處。爲什麼呢？

首先讓我們這樣設想：人類歷史的實際過程是全體人類生命活動的總和。自古以來，不計其數的人，在不計其數的年歲與時日裡，表現出無窮無盡的情狀與作爲。如果我們眞要完完整整地寫下某一個人的一切表現，我們勢必需要另外一個專門的人，如影隨形，目不轉睛，全神貫注地將前者的一擧一動，絲毫不爽地詳細記錄下來。可是那個記錄別人的人，自己也是人，自己的一言一行也是人類實際活動的一部分，因此也需要有人加以翔實無缺的記錄。於是我們又需要再加上另外一個人，來專心記錄前面那個記錄人家的人。（自己顯然不能分心來專職記錄自己；不然的話，過了一會兒，人類馬上就變成人人都在忙於記錄，其他事務也就無人照料了。不幸的是，連這樣的自我記錄也無法眞正做得完整：自己記載自己，自己記載自己在記載自己，自己記載自己記載自己在記載自己……。）因此，不盡其數的人的活動，需要不盡其數的其他人的活動來完成他們的歷史；這些不盡其數的人，又需要另外不盡其數的人……。依此類推，永無止境。好在人類的歷史根本就不是這種全面完整無遺，一切並蓄兼收的記錄。尤有甚者，這種記錄卽使有可能完成，也絲毫沒有用處。

舉個比喩來說，一幅地圖之所以有用，正是因爲它是我們對於實在的地形地物加以簡化後的結果。倘若一幅地圖和實在的地形地物完全沒有兩樣（卽使有此可能）——地面上有一間房子，地圖上就有一間房子；地面上的湖面有多大，地圖上的湖面也如此——這樣我們何需使用地圖？我們就拿實在的地面情狀來應用，不是更直截了當？而且這麼做還有其他實際的好處。類似地，歷史也是如此。如果凡是發生在時間進程中的每一個事跡，我們都要如實地加以記載，卽使有此可能，其作用也一定遠不如那實際的歷史過程本身。所有的地圖之所以有用，正是因爲它們選擇性地標示出地表上的主要事物，並且指明那些事物彼此之間的重要關係。同樣地，所有的歷史記載之所以有用，也正是因爲它們有選擇地標示出時間之流裡的重要事件，並且指明那些事件彼此之間的重要關聯。什麼是一幅地圖所要標示的重要事物，以事物及之間的重要關係，那要看這幅地圖是什麼地圖，它要充當什麼用途而定。同樣地，什麼是一段歷史記載中的重要事件，以及事件之間的重要關係，那也要看這是一段什麼歷史，它要充當何種功能而定。交通地圖有交通地圖的特點，軍事地圖有軍事地圖的要求。同樣地，政治史有政治史的着重要點，文化史有文化史的特異之處。世界上沒有一幅萬能全備的地圖，同樣的，宇宙之間也沒有一卷包容無遺，萬類具備的歷史。

歷史的記載不但根據它的作用與功能而顯現出不同的相貌——存眞的歷史有存眞的歷史的面貌（「是什麼就說是什麼，不是什麼就說不是什麼」：避免訴諸情緒語言，忌諱做出價值判斷）；可是匡時濟世的歷史有匡時濟世的歷史的面貌（「孔子作春秋，一字褒貶」：正義凜然，讓亂臣賊子恐懼）；同樣地，激勵國人捍家衛國，同仇敵愾的歷史是一種寫法；鼓動大家向外侵略，征伐攻打的歷史是一種寫法；引發我們珍惜文明，注重知識的歷史是另一種寫法；鼓勵人類同情瞭解，和平共存的歷史又是另外一種寫法……。那麼哪種寫法的歷史算是好歷史？哪種寫法的歷史算是壞歷史？具有哪種特色的歷史應該受讚揚？含有哪種成素的歷史應該受責難？

不僅如此，歷史的記載除了受到史家所懷有的目的和居心所左右而外，它同時也受到——而且說不定更受到——史家的見識和眼光所支配。寫歷史的人，並不是一些超越凡人的神靈。他們本身也和其他的人一樣，在自己的歷史大流和文化傳統之中，生長陶冶，教養化育出來的。他們的見識與眼光，隨着時代的移轉和歷史的走向，不斷在增進，在發展，在提昇。古代人類的心懷，不再就是現代人類的胸襟；以往史家的見識，不再就是今日史家的眼光；秉承民族主義的史家自有他一定的見地，可是懷抱世界人類的史家却有他特殊的史筆。那麼，我們究竟應該採取哪一種見識？我們究竟應該具備哪一種眼光？我們究竟應該選擇哪一個方向？

7

經過這樣的定神細想之後，我們也許更加清楚地瞭解自己所以反對竄改歷史的理由，也更加明白地意識到這種理由之所以能夠給人拿來加以推廣和概括化的根據。

歷史雖然號稱爲人類活動的記載，但它却並不是人類生活的藝術繪像。假如我們走進人家的客廳，看見牆上高懸着主人心愛的祖先堂皇光采的繪像時，我們即使心生懷疑，暗自竊笑，通常也不致與起反對之心，浮出抗議之念，即使那人的祖宗和自己的先人曾有過節，彼此不睦。可是對於侵略我們，欺凌我們同胞的日本，爲什麼我們不放過他們？爲什麼我們堅持不讓他們粉飾過往的歷史，隱瞞他們前人的罪惡呢？

歷史有什麼用處，除非我們能從它那兒獲取一些活生生的教訓？歷史雖然不是一面明鏡，站在它前面，我們照不出什麼明晰的影像；可是它的內裡深處却含有一番苦口婆心的話語。歷史的寶貴在於它的眞實，它不是憑空想像出來的結局，它也不是純粹主觀的心靈創作所得的成果。它是人類生命的眞實展現和理想願望的坦白表發。因此，每一段眞實的歷史讀來都是親切的，也全是感人的。它甚至激盪我們的心弦，撼動我們的性靈——因爲一切歷史上的人物，都和我們在人性上，一氣相承，血脈相通。所以讀史往往令人含淚，令人驚心動魄，甚至教人傷懷難禁，不堪回首。歷史就是這樣，充滿着一段一段的寶貴經驗——有時是甜美的，有時是苦楚的，有時甚至是悲淒慘痛的；但却都是眞實的。人類需要眞實的事例來平衡他們的空想，也需要活生生的歷史，去打破他們的幻覺和迷妄，使人類更看淸自己的面目，更明白人性當中的許多陷穽與危機。歷史往往敎導我們，在處事之時知道必須如履薄氷，在抉擇選取之際要像面臨大敵；因此它常常不只是一番苦口婆心的話語，它有時更進一步，簡直就是一片嚴厲的敎訓。這就是爲什麼讀史令人通達，讀史令人聰明的原因。

可是求取歷史的聰明，必須善用人生的智慧。在二十世紀末葉的今天，我們顯然不能繼續坐井閉關，築籬自限，一心只知強調自己的優越，而不知同情其他的人在困境危局之間的辛苦奮鬥。因此，當我們反對和抗議日本竄改歷史的時候，最重要的還不在於他們使用什麼字眼去描述自己以往的作爲，以及應用什麼方式去粉飾他們當年的侵略。比這些更基本，而且更重要的是；我們要努力勸誡他們，記取歷史的敎訓，不要採取民族主義的狹隘眼光，製造軍國主義的狂想迷夢。我們自己也要時時刻刻以此自勉。在我們極力反對和高聲抗議之際，自己也不應該只是停落在民族感情的層次。我們自己也必須齊抱世界人類的眼光。我們大家的祖先以往全都有過瑕疵，有過缺點，有過欠德，有過敗跡。（倘若我們相信達爾文，那麼他們——牠們？——的形相也就變得更加兇惡！）可是，這並不表示，我們因此註定生而罪，註定生而無德。只要我們自己有了自覺，接着我們就可以設法超越。這正是人類文明的進步，也是歷史演化的希望。

於是，我們就可以明白而認眞地發問：我們目前所反對和所抗議的，歸根究底，理應是什麼？我們是在反對侵略？反對軍國主義？反對殘殺？反對暴虐？反對歪曲史實？或是反對竄改歷史，導致軍國主義的復活？反對在軍國主義復活之下，修改歷史？或者反對其他什麼——比如反對狹窄的歷史眼光和自高排外的歷史見地？當然我們可以全部反對，反對上述的所有項目以及其他有關的一切。不過，在我們目前的抗議運動之中，什麼是我們的重點？什麼是我們的中心？

歷史是人類文明的寶貴遺產，它不是人類文化的僞善裝飾。可是我們應該怎樣善用這些人類共同的遺產，去增進人類全體的福利，而不在狹窄的眼光和閉塞的心智之下，將原本可以趨向光明的，反而導致黑暗；將原來能够增進人類共同幸福的，反而引出民族國家之間的悲劇。我們應該怎樣選擇？怎樣取捨？這不只是一種歷史的聰明，這裡還含藏着一份哲學的智慧。

（一九八二年九月六日）

邏輯與證立程序

——驗證・檢證和證明

一般人對邏輯有一種期望，他們希望學了邏輯之後，能夠有助於思考問題。這樣的希望雖然或許有失籠統，但却絕非無理要求。現在我們要對這個問題做一番分析和清理，並且在這工作中，進一步區別幾個有關證立的重要概念。

我們的思考有許多不同的目的，其中最重要的目的，就是解決人類所面臨的種種問題。通常有待我們解決的問題可以大別分爲兩類。第一類是決定怎樣行爲，採取何種措施，選擇什麼方向的問題。我們可以稱其爲「實際問題」或「實用問題」。另外有一類的問題是考察事實，探究知識，建立信念，分辨合理與不合理的判斷等等的問題。這類問題可以稱爲「知識問題」或「理論問題」。

有時實際問題和理論問題之間，並沒有一道嚴密的隔牆。不但如此，一個實際問題的解決，往往假定着我們對於與之相干或對其不可或缺的理論問題，業已獲得完全或者相當程度的解決。這是因爲任何自覺行爲之選擇，全都與我們的知識、信念和價值標準產生密切的關聯。尤其是我們號稱爲「理性行爲」(rational act) 的，就更不可沒有理論的基礎。我們無時無刻不在自覺或不自覺地使用或精或粗的理論，來支持我們的行爲，證立我們的言論。可是我們所依據的知識、信念和價值，本身也不斷需要反省、批判與證立。因此，我們可以說，證立問題在我們的思想之中，是個幾乎無所不在的問題。邏輯在這方面扮演着一個無比重大的角色。

什麼叫着「證立」(justification)？證立牽涉到什麼問題？爲什麼會有證立的問題存在？證立問題與邏輯的關係怎樣？

爲了避免以假亂眞，以錯爲對，或者正誤混淆，產生不良的後果，我們常常對自己或對他人的思想、言論和行動，加以檢查核驗，比對印證，看看它們是否合理，是否正確——是否言之成理，是否持之有故，是否行之有據等等。這些檢驗雖然可以施之於思想的層次、言論的層次或行爲的層次，但是思想上的檢驗和行爲上的檢驗，在必要時都可以直接或者間接地先化成言論方面的檢驗；因爲要決定一個人的行爲是否合理，可以首先檢查他要如此行爲的想法是否正確；要考察某種想法是否正確，我們可以首先核驗表達這種想法的言論是否有根有據。由於這個緣故，我們在這裡只準備集中討論言論上的證立問題，考察其核驗的程序。

言論是由一系列或簡或繁的語句系統所構成，語句是構成我們言論的基本單位和實質單位，因此讓我們首先討論個別語句的證立問題。

當我們要對一個語句加以證立的時候，我們可以追問種種不同的問題。比如，我們可以發問該語句是否爲眞，它是不是確實地報導我們的感覺經驗，它有沒有與外在的事實相符合等等。另一方面，我們也可以發問該語句是根據什麼理論而成立，它是從那些前提推論出來，這樣的推論是否對確合理等等。在一個實際的檢驗個例裡，很可能同時牽涉到這兩類問題，因爲這兩類的問題在實際的脈絡裡，經常互相關聯，因此必須同時加以考慮。不過，從證立的方法和目的上看，它們兩者却是分開而有所不同的證立程序，兩者有各自不同的檢驗標準和檢驗目的。

我們要將上述的前一類問題，叫作「經驗性的證立問題」，而將其所牽涉的檢驗，稱爲「經驗性的證立」(empirical justification)；相應地，我們要將後一類的問題，稱作是「邏輯性的證立問題」，將它們所涉及的檢驗，叫做「邏輯性的證立」(logical justification)。

首先讓我們討論經驗性的證立問題。舉個簡單的例子來說：爲要決定「此刻窗外正下着雨」這個語句是否爲眞，我們只要舉首眺望窗外，看看天是不是正在下雨。如果是的話，則該語句爲眞；否則的話，該語句就爲假。這是一個簡單的經驗性檢驗的例子。我們所訴諸的是經驗世界裡的證據。與此不同的，如果我們要探究的是'2＋3＝5' 這個語句是否爲眞，那麼我們就不能利用經驗性的檢驗辦法，提出經驗世界裡的證據。我們必須訴諸數學系統，根據裡頭的基本概念、基本命題和演算規則等等，一步步加以推論，最後得出答案來❶。這是個邏輯檢驗的例子。

當我們應用一個論證的前提來支持其結論時，我們所做的也是一種邏輯的檢驗。這是典型的邏輯證立程序。

我們很容易想像，並非所有的經驗檢驗和邏輯檢驗都像上述的例子這麼簡單。這兩種證立程序也不是不能在同一命題的證立上交互使用，共同達到檢驗的目的。舉例來說，我們如果要檢驗「台北市的居民是以米食（而非麵食）爲主」這個語句的正確性，我們固然可以逐戶訪問，個別調查，然後判定該語句的眞假。可是通常我們不會採取這種笨拙而費事的辦法。通常我們要麼做抽樣調查，訪問少數但却具有代表性的家庭，等到獲得這類經驗性的資料之後，再加推廣概括，得到普遍的結論；不然的話，我們就使用更加間接的辦法，採取更加迂迴的推理。比如，從糧食供應的數字，再加上其他相干的觀察或資料，推論出可靠的答案來。在類似這樣的簡單例子裡，我們已經可以看出經驗性的證立程序和邏輯性的證立程序兩者的並存共用，合起來完成檢驗的目的。事實上，就連上面所說那逐戶調查的笨拙辦法，到最後也必須加上簡單的數學演算和常見的邏輯推論，才能達到完全的證立目的。

爲了考慮知識論上的重大差異，我們往往更進一步，將經驗的證立程序區別爲兩類：一是「證實」或「驗證」（verification），另一類是「檢證」（confirmation）。

❶關於‘2＋3＝5’這個語句要怎樣加以證明的問題，可以參閱作者所寫的「四角形減去一個角剩下幾個角?」此文收錄於『現代社會與現代人』一書之中。臺北，一九六五年出版，頁79—頁96。

當我們要證立一個語句的時候，如果我們所握有的經驗證據，依照通常習用的方法論，足以決定性地判斷該語句爲眞或合乎事實，那麼我們就說，我們證實了那個語句，或者說我們驗證了那個語句——證其爲眞。驗證的反面是「否證」(falsification)——證其爲假。也就是說，當我們所握有的經驗證據足以決定性地判斷一個語句爲假或者不合乎事實時，我們就說，我們否證了該語句。

舉個例子來說，爲要決定「一九八二年五月二十八日台北市的最高氣溫超過攝氏三十度」這個語句的眞假值，我們只要檢查該天台北市的氣象記錄，憑着這些經驗資料，我們就可以決定性地判斷它到底爲眞或爲假。因此，我們可以驗證它或否證它。

然而並非所有的語句都可以利用經驗證據決定性地加以檢驗——加以驗證或者加以否證。比如「學了邏輯會令人思想精確」這個語句，就無法利用我們在任何時空裡所握有的經驗證據，加以驗證（證其爲眞），因爲卽使我們調查了以前所有學過邏輯的人，我們也還得等待將來才開始學邏輯的人，否則我們就不能算是握有完整的經驗證據，足以決定性地檢驗上述語句，對它加以驗證。這時，我們所能夠驗證的是一些用來報導個別的人，當學了邏輯之後所得的效果那種語句，而不是報導所有學過了邏輯的人或將會學邏輯的人，全都會具有的效果的那類語句。不過，對前者那種語句的驗證，可以爲後者那類語句提供有力的經驗支持。這時我們要說前者爲後者提供了支持它的「檢驗個例」(confirming instance)。在這種情況下，我們說我們「檢證」了

後者。❷

所以，檢證不是一種決定性的經驗證立程序。有時，一個以往受過檢證的語句，現在可能給人加以推翻，因爲我們驗證了一些足以減低其可信性的語句。這樣的語句我們稱爲受檢證語句的「非證個例」或「反檢證個例」(disconfirming instance)。這一種反面的經驗證立程序，稱爲「非證」或「反檢證」(disconfirmation)。

舉個例子來說，我們對於像底下(1)這樣的語句，就無法加以驗證，因爲它牽涉到一些我們無從收集到其經驗資料的事物：

(1) 所有愛好邏輯的人都愛好數學。

但是，我們却可以驗證像下列(2)和(3)這類的語句：

(2) 張三愛好邏輯，並且他愛好數學。

(3) 李四愛好邏輯，並且他愛好數學。

因爲像(2)和(3)這類的語句，如果數目够多，分佈够廣，而且情況呈現多樣化的話，可以用來對(1)的成立做出有力的支持；所以我們說前者是後者的檢證個例。對於前者的驗證構成了對於後者的檢證。

❷此處所謂的「檢證個例」，以及下文道及的「反檢證個例」，都指語句而言。不過也有一些人將外在世界的事物叫做檢證或反檢證個例。這兩種說法可以互相化約，彼此界定。

相反地，像下列⑷這樣的語句，就構成⑴的一個反檢證個例：

⑷ 王五愛好邏輯，可是他並不愛好數學。

這樣的語句可以用來非證⑴，或對⑴加以反檢證。

值得我們注意的是，雖然我們在上面的闡述裡，將驗證和否證關聯比對，也將檢證和反檢證置於同樣的相互關係上（一個是另外一個的反面），可是這並不表示一個在原則上無法由我們加以驗證，而只能加以檢證的語句，必定也就無法加以否證，而只能加以反檢證。比如，上述的⑴在原則上無法給人加以驗證（只能加以檢證），可是我們却可以加以否證。事實上，驗證了上述的⑷就足以否證⑴，證其爲假；不僅是對它加以反檢證，減低它的可信性而已。

也有一些語句在原則上無法加以否證，我們無法決定性地證其爲假。可是同樣地，也不是在原則上無法加以否證的語句，我們也就沒法加以驗證，證其爲眞。比如下列的⑸在原則上無法加以否證，因爲我們無法把握到全部的經驗證據：

⑸ 這世界有藍色的玫瑰存在。

我們至今未曾發現藍色的玫瑰，可是這並不足以否證⑸。也許我們還沒有找遍每一個可能生長玫瑰的地方，也許儘管現在沒有藍色的玫瑰存在，可是將來會有也說不定。不過，像上面的⑸這樣的語句，雖然在原則上不能加以否證，可是我們却有可能加以驗證。比如，驗證了底下的⑹就足以驗證它：

(6) a是朵玫瑰，而且a是藍色的。

一般說來，一個「單稱式的語句」(singular sentence，簡稱「單稱句」)或者可以完全地化約成爲單稱句的語句，在原則上可以加以驗證，或加以否證❸。(至於實際上到底給驗證或給否證，那當然完全要看我們所把握的經驗證據而定)。可是一個「全稱式的語句」(universal sentence，簡稱「全稱句」)，而又不能完全地化約爲單稱句者，却只能被檢證，無法被驗證。(它當然可以被否證)。相反地，一個「存在式的語句」(existential sentence，簡稱「存在句」)，而又不能完全地化約爲單稱句者，則只能被驗證，而不能被否證❹。

我們對於經驗世界的知識，往往表達爲經驗科學的定律。這些定律都不是些單稱語句，而是些全稱語句(或者是具有全稱句的某些重要的邏輯性質之「統計式的語句」)❺。這些定律因此都只能給人拿來加以檢證，而無法加以驗證。也就是說，我們無法對經驗科學裡的「定律式語

❸所謂單稱式的語句，是用來逑說單一事物或單一事態的語句。它具有這樣的邏輯形式：「a(是)……」，其中「a」指謂着單一的事物或事態。

❹全稱句具有這樣的邏輯形式：「凡(是)……都(是)——」；存在句則具有這樣的邏輯形式：「有(的)……(是)——」，或者「有……存在」。至於一個全稱句或一個存在句能否完全地化約爲單稱句，那要看我們所討論的領域是個有限領域或是個無限領域而定。

❺「統計式的語句」(statistical sentence，簡稱「統計句」)具有這樣的邏輯形式：「K%的……(是)——」。比如：「83%的嬰兒在兩歲之前會說自己的名字」。

句」(law-like sentence) 加以完全決定性的經驗證立。所以，我們常說經驗科學的知識不是「確然性」(certain) 的知識，經驗科學裡的眞理不是絕對顚撲不破的眞理❻。

以上我們談論了經驗的證立程序。我們將它區分爲兩種：檢證和反檢證，以及驗證和否證。從證立的結構來看，我們可以說，檢證和反檢證也建立在驗證和否證的基礎上；因此，驗證和否證是最基本的經驗證立方式。這是因爲所有的經驗知識，到最後都要以個別的感覺經驗證據來加以支持；所有的定律式語句，到最後都要依靠單稱句來加以給證，才能完成經驗證立的目的。

雖然對單稱句的驗證和否證是我們最基本的經驗證立方式，但是它却不是我們建立經驗知識的絕對基礎和唯一的方法根據。我們無法在此詳細討論這類知識基礎和知識建構的問題，但是我們可以簡單扼要地將其主要關鍵表述出來。

第一，我們的經驗知識不是一大堆紛雜散置，凌亂無章的感覺經驗報告。我們的知識是一些有層次性，有系統性，有本末之分，有輕重之別的結構組織。在這樣的知識結構裡，原來沒有分析與綜合之分，形式與質料之別，邏輯與經驗之對立的知識內容，在系統化的要求之下，紛紛就位，各得其所。於是有些信念成了系統的中心，有些經驗變做組織的末梢；有些想法慢慢結晶沉

❻愛因斯坦曾經這樣寫道：「只要數學定律指涉着眞際 (reality)，它們就不確然 (certain)；而且，只要它們是確然的，它們就不指涉眞際」。譯自他的 "Geometry and Experience" 收錄於下列一書之中：*Sideights on Relativity*，紐約，一九二三年出版，頁28。

澱，形成普遍的眞理；有些概念屢經蛻變，演成有用的橋樑。我們的知識系統有它的人性條件，也有它的文化背景；有它的實用要求，也有它的理論考慮；有它的恆常意義，也有它的時代價值。我們的知識系統在不斷追求完整、優美、博大、精深、穩固和實用的演化過程之中。這樣的演化，有時是或急或緩的循序漸近，有時是或多或少的修補改正，有時則是影響深遠的知識和思想上的革命。

第二，由於知識講究系統，而系統又不斷地在演化之中，因此不論從發展開闢的觀點看，或從建構守成的觀點看，我們都無法絕對地分離純粹經驗的質料和完全屬於邏輯的形式。在一個系統之中，某些質料是否適宜我們取用，除了要看該質料本身是什麼質料而外，也要看它表現在什麼形式之上而定；同樣的，某種形式是否具有重要性，除了要看該形式本身是什麼形式而外，也要看它能够組織安排什麼質料而定。因此，儘管在分析上，在概念上，我們可以區別「形式科學」和「經驗科學」，可是在人類知識的實際建構和演進之中，沒有任何一種經驗科學的系統裡頭，沒有着形式科學（例如數學或邏輯）的成素作用其間，充當結構組織，造型定位的支柱。同樣地，任何一個形式科學的系統，也是因爲它能够用來組織經驗題材，結構理論系統，因而引起廣大的興趣與注目。不然的話，無論是邏輯也好，數學也好，一旦失去用來充當組織經驗，建構知識，進行理論的系統化之功能，那麼它也就容易只成了一種別緻的概念遊戲，或者淪爲一種高等的符號玩意而已。

第三，在一個知識系統裡，語句和語句之間（或者命題與命題之間）的支持維護關係，固然不是平面排列的，但是它也決不是純粹直線進行和單方向發展的。與個比喻來說，一個知識的理論系統，往往像是一個不甚規則而層次重疊的立體網絡。其中有凸出隆起的部份，也有凹入陷下的部份；有縛綁結實的區域，也有鬆落懸吊的組織；有結構密集的角落，也有關係疏散的地方。有些線索看來粗壯，有些條紋顯得細弱；有些節點牽連複雜，有些系絡規律簡單；有些片段支撐着沉重的負擔，有些部位輕易地懸浮在其他組織之上。當我們靜觀這樣的系統網絡時，常常不容易發現其中的本末與虛實。可是如果這個網絡遇到外物侵襲，他力作用的時候，這個系統內部各個組織環結的強弱，以及各部份之間彼此維繫支援的情況與程度，就比較容易顯現出來。尤其值得注意的是，當系統中的不同部位受到外力的作用時，整個網絡所表現出來的反應情況，也常常不盡相同或大爲不同。

我們經驗知識的理論系統，也是如此。平時我們看到許多概念羅列並置，種種定律交錯共存；理論和實驗掛鉤牽連，觀察與計算並駕齊驅。這時我們往往不太注意——或不容易看出——整個系統的殊多成素之間，相互支援維護的情況，直到難題發生，有待解決；困境出現，等候除消；這時，我們才比較容易從整個系統怎樣反應對付的實際情況裡，看出許多系統內部在組織結構上的細節，以及各部份之間在交互支援上的相對關係。

對於我們的知識系統來說，難題困境的發生不一定永遠是在系統的理論核心，當然也不一定老是在它的經驗末梢。認眞說來，知識系統的每一個角落都有可能發生問題。可是基於歷史、傳統學科走向、人類的習性以及實用價值的考慮，我們往往跟隨取用一種選取捨棄的輕重標準。一般來說，當一個理論系統發生難題困局的時候，我們大多採取一種經濟原則：做出牽動最少的增補修正。通常，修改愈接近經驗末梢的系統部位，對整個的系統而言，牽動全體的程度愈小❼。

於是我們就經常把系統當中可以驗證或否證的部份，當做是理論（的概念）性最少，而經驗（的證據）性最多的部份。這樣的想法本來可以自圓其說，無可厚非；可是有些人却要更進一步地認爲，上述那些部份是純粹只由感覺經驗就可加以證立，是完全無需動用理論來加以支持的成分。這樣的想法是否正確，就值得我們細想深思，反省批判了❽。

舉個最淺顯的例子來說：爲要驗證或否證「此刻窗外正在下雨」這個語句，我們說過只要舉首眺望窗外，就可以決定性地得到結論。這表示在一般實用的方法論裡，驗證或否證比較起來是

❼關於知識理論（尤其是科學理論）的取捨，以及理論系統怎樣應付待解的難題等等這類問題，讀者可以參閱下列專著：T. S. Kuhn: *The Structure of Scientific Revolutions*，第二版，一九七〇年出版；Larry Laudan: *Progress and Its Problems, Toward a Theory of Scientific Growth*，一九七七年出版；W. V. Quine and J. S. Ullian: *The Web of Belief*，一九七〇年出版；John Losee: *A Historical Introduction to the Philosophy of Science*，增訂版，一九八〇年出版。

❽極端的經驗主義哲學家採取這一類的觀點。參見休姆（Hume）與早期以卡納普（R. Carnap）爲代表的邏輯實證論者的理論。

種看來不明文牽涉其他語句和理論的證立程序或檢驗活動。可是這並不表示一切的驗證或否證的檢驗程序全都是自圓自足，自證自立，不需要其他方面的支撐和維護。比方，我們可以這樣發問：是不是我們以爲看到天下雨，天就眞的在下雨？是不是我們以爲看到兩條線平行，它們就眞的平行？是不是我們以爲看到海上有高樓，那兒就眞的有高樓？一切的感覺經驗都是同等可靠的嗎？它們都反映出這個世界的眞實嗎？

事實上，我們固然常常訴諸感覺經驗，來驗證（或反檢證）經驗知識的理論。但是有時我們也訴諸某些感覺經驗，來支持（或抵制）其他某些感覺經驗。不僅如此，我們也常常引用某些經驗知識的理論，來維護（或抗拒）某些感覺經驗；或者採取某些理論，來證立（或反證立）其他理論。我們甚至可以將這些不同的檢驗樣式和證立程序，結合起來一起運用。我們看見下雨，而相信下雨爲眞；可是看見太陽從東方升起，但卻相信地球朝東方旋轉才爲眞。經驗知識系統內各成分間的互相支援，是種很複雜的交層多線關係，而不只是感覺經驗維護理論，或者理論支撐感覺經驗的簡單關係。一個知識的理論，往往依靠系統內部各組織之間，紛繁多樣的相互關聯，交互支持，彼此印證，使整個系統保持一種平衡實用的狀態。所以，如果我們認眞細想，即使是單稱語句的證立，也含有理論的背景和系統的意涵。我們的感覺經驗不是一些絕對沒有理論的侵染，完全純樸無華的經驗素材。

由於上面所說的這些因素，我們可以說，在實際的脈絡裡，沒有任何的經驗檢驗方式是完全純粹的經驗證立程序，因爲它們全都含有邏輯證立的成分。我們最多只能在經驗語句的證立中，設法區分其邏輯的成分和非邏輯的（亦卽經驗的）成分。

現在讓我們接着討論邏輯的證立。一個邏輯的檢驗程序稱爲「證明」（proof）；證明的反面叫做「反證」（disproof）。

就語言的層次上說，證明一個語句成立在於指出涵蘊該語句的一集語句成立。比如，我們指出下列(7)至(9)這一集語句成立，藉此證明底下的(10)成立：

(7) 凡是悲觀的人要麼深曉人性的弱點，否則就是預知人類的命運。

(8) 尼采是個悲觀的人。

(9) 尼采並不預知人類的命運。

(10) 尼采深曉人性的弱點。

因爲(7)至(9)合起來涵蘊着(10)。

所以，詳細說來，爲要證明一個語句成立，我們需要完成下列三件事：第一，舉出一集我們要證明涵蘊着所證語句的語句❾。第二，證明所舉出的該集語句的確涵蘊該一所證語句。第三，驗證、檢證或證明所舉該集語句皆成立。

爲了清楚醒目起見，讓我們將這樣的證明情境所牽涉到的形式結構，表述如下：假定我們要

❾在此我們使用了一種縮簡的講法。我們以「證明A涵蘊B」來縮寫「證明『A涵蘊B』這語句成立」。

證明某一個語句成立，設其爲下列的⑾：

⑾ C

這時，我們列舉一集我們要證明涵蘊着⑾的語句。假定它爲下列⑿這個語句集合：

⑿ P_1，P_2，……，P_k

接着我們證明⑿這些語句，合起來共同涵蘊⑾。

可是我們知道，語句之間的涵蘊 (implication) 關係，和與其相應的論證之對確性 (validity) 之間，具有一一對應的關聯。兩者可以交互界定，因此可以互相化約。這樣一來，這等於證明以⑿爲前提，以⑾爲結論，所構成的論證是個「對確的」(valid) 論證；也就是證明下列的⒀是對確的：

⒀ P_1，P_2，……，P_k ／∴C

最後，我們應用驗證、檢證或證明的方式，指出⑿這集語句全都成立；也就是說，指出⒀中的前提全都成立。我們把這裡的第二步驟和最後的第三步驟結合起來，也就等於證明上列的⒀是一個「眞確的」(sound) 論證，不僅是一個對確的論證而已❿。

❿我們平時說，含有全眞前提的對確論證，稱爲眞確論證。現在我們等於說：含有全都成立的前提之對確論證，是爲眞確論證。一個語句的眞假與它的成立與否，兩者到底關係如何，這牽涉到眞理論的問題。我們無法在此詳加討論。目前我們要將「某語句爲眞」和「某語句成立」，當作是同一件事的不同說法。

經過這樣的分析，我們也就很清楚地看出，當我們要證明某一語句成立時，我們所要從事的是舉出一個含有該語句爲結論的眞確論證。也是在這樣的展示之下，我們就可以很確定地指認出，邏輯在整個的證明程序中，所扮演的重要角色。

值得我們注意的是，對於任何一個語句而言，我們有可能做出不止一個含有該語句爲結論的眞確論證。（事實上，我們可以做出無窮多個）。這就是爲什麼往往對於一個命題（定理、定律、公式等等），我們可以有不同的證明。

有兩個關於證立的邏輯問題，應該在此提出來加以討論。爲了簡單起見，我們只以邏輯的證立程序——證明——爲主要的例釋。其他的證立方式——驗證和檢證——也都可以參照證明的情況，而加以比照探索，思慮討論。

第一，我們爲要證明某一個語句成立，必須訴諸其他語句，可是爲了要證明這些其他語句的成立，我們必須訴諸另外的其他語句。這樣層層追進，到最後一定會遭遇到一種令人爲難困惑的局面：我們可能一直求證下去，永無止境；或者繞彎回頭，訴諸原來待證的語句。前面一種情境，我們稱爲「無窮後退」(infinite regress)；後面那種情況，我們叫做「循環論證」(circular argument)。遇到這樣的難局之時，從方法論的觀點看，我們只有兩個途徑可供選擇：或者宣稱無窮後退或循環論證並無害處，我們不必爲它所困擾；或者指出有些語句可以不待證明而成立，因此爲其他語句的成立，提供了一種證明上的底層基礎或開展起點。一般人通常在考慮證明的效力時，大都採取第二個途徑，認爲無窮後退和循環論證的「證明」方式，達不到證明的目的，因此提出一些不待證明的語句，做爲理論或系統的證立起點。在不同的理論或系統裡，有人稱其爲「公理」或「設理」（axiom），有人稱其爲「公設」或「約理」（postulate），有人稱其爲「設定」或「假定」（assumption），有人稱其爲「自明眞理」或「自明眞句」（self-evident truth），有人稱其爲「基礎句」（elementary sentence），「基本句」（basic sentence）或「基元句」（protocol sentence）等等，種類不一，名稱紛繁。

現在我們要對上述在方法論上面臨的兩條途徑，所牽涉到的幾個重要問題，加以簡約扼要的討論。

先就上面的第一途徑來說。大約很少人會認爲提出無窮後退的論證，能夠達到我們檢驗證立的目的。可是對於循環論證，就有人採取不同的想法。有些人認爲我們不應該在平面上看問題，而應該站在「發展的」角度，採取「辯證的」觀點來看問題。從後者這個觀點看來，在某些論證裡，我們雖然看似徘徊一圈，返歸原來的出發點，可是認眞細想，我們却不再只是肯定原來的命題（雖然在表面上，我們依舊斷言原來的語句）。我們業已提高了我們的見識，加深了我們的瞭解。我們業已站在與從前開始出發時有所不同的層次之上。因此，表面上看來雖然循環，但是那只是表面的循環；從實質上看，那並不是眞正的循環。所以，我們應該區別兩種循環論證：表面上的循環論證和實質上的循環論證。後者也許無益，但是前者却完全無害。

對於這樣的見解，我們必須小心加以處理，才能獲取眞正的認知。首先，我們必須精確地把握所謂表面上的循環和實質上的循環這一區分。假如所謂表面上的循環，意指的是只在字面上看起來如此，事實上在意義上並非如此。那麼這個問題很容易解決。我們只要設法將原先的論證重新加以闡釋，將其中的概念再次加以釐定；這樣也就可以避免遭遇到原來那看似循環的難局。所以，我們所要注目的是實質上的循環。

就實質上的循環而言，那些維護循環論證的人，在思想上大約混淆了兩種不同的情境：「理解的脈絡」(context of understanding) 和「證立的脈絡」(context of justification)。從理解上的功能看來，一個理論系統卽使含有循環的論證，可能也有助於人們對該理論系統的認識或瞭解——假如那樣的循環是個大循環，而不是一個小循環的話，因爲系統化的結果，令人看出許多概念與概念之間，以及語句與語句之間的關係，從而加強瞭解，建立認知。可是，如果我們據此而就推論說：循環論證亦可算是合理的證立方式，那麼這樣一來，證明的目的與作用勢必完全消失。因爲這樣一來，每逢我們要證明一個語句的時候，只要直截了當地訴諸該語句本身就成了！

不過，有許多人就在這點上迷失了。他們認爲，由於每一個語句都涵蘊着它自己；也就是說，下列的論證形式⒁是對確的：

⒁　C／∴C

因此，我們可以利用C來證明C；也就是利用一個語句來證明它自己！

這又是另外一種混淆。任何語句都涵蘊它自己。（這點的確是眞的）。可是我們却不能因此推論說：所以任何語句都可以用自己來對自己加以證明。（這點顯然是錯的。如果我們細心省察一下，在上文裡對證明所做的標定，當能明白爲什麼我們不能隨便以一個語句來證明它自己成立；因爲這樣做的時候，我們業已假定像上述的⒁是個眞確的論證，不僅是個對確的論證而已。可是當我們說每一個語句C涵蘊着它自己的時候，我們只意味着⒁是個對確的論證。至於它是否眞確，則有待進一步的證明）。也就是說，那樣做業已假定⒁的前提C成立，可是C是否成立正是我們所要求證的事！

現在讓我們討論一下上述的第二個途徑：指認出一些不待證明的語句，做爲證明系統內其他語句成立的起點。我們要分別以數學和經驗科學的理論充當典型的例子，加以扼要的解說。

先說經驗科學裡的理論。有人試圖以直接報告當下個人所擁有的感官經驗的語句，做爲系統中一切其他語句的證立起點。這種做法的困難是，雖然那樣的語句能夠給人拿來加以驗證或否證，可是由那類的語句做爲起點，我們並不能夠推論出理論裡的所有其他語句——尤其是那些定律性的語句。不但如此，我們業已說過，那樣的「基元語句」之證立，歸根究底，也要牽涉到各種理論的應用，特別是有關感覺和知覺的理論、有關語言傳意的理論、有關計量設計的理論，以及該基元句所在的理論系統當中那些形形色色的「輔助假設」所依據的種種理論。所以，即使是一個經驗主義的熱烈擁護者，到最後也得接受一些未經證明的假定或原則⓫。

數學上的系統當然更加明顯。我們必須有一些未經證明的語句，做爲整個理論的出發點。不過以往有人將這類的語句想成是些自明的眞理（自明眞句），表達着一些凡是有理性的人都無法加以否定的「事實」。（比如，十九世紀之前，人們對歐幾里德幾何系統中的那五條公理，就持着這樣的想法）。可是自從非歐幾何出現之後，尤其經過本世紀人們在邏輯理論上的大力開發，令我們更加明白一個系統的內部構造以及其他種種性質，瞭解系統內部各成素之間的交互關係，以及系統的內部問題與系統的外在問題之間的關聯和作用。現在我們再也不將那類的「基本語句」想成是必然成立，不可取代，不可加以否定的語句。我們只把它們想成是一個系統在證立上的立足點——但却不是必然非它們不可的立足點。對於同一個系統而言，我們往往可以選擇不同的語句集合，做爲不加證明，設定其成立的基礎語句，正好像對於同一個語句，我們可以構作出不同的證明一樣。

這些是我們對於有關證立的邏輯問題，所要討論的第一件事——證立程序的起點問題。

第二，在一個證明的脈絡裡，除了程序上的起點和步驟而外，還牽涉到另外一個問題。那就是對確性或涵蘊關係的判準問題，也可以簡稱爲邏輯證立的判準問題。（經驗證立也有判準問題

⓫對此問題感興趣的讀者，可以參閱下列一書：B.Russell: *Human Knowledge, Its Scope and Limits*, 一九四八年出版。

存在）。比如，我們在上文裡所說的，爲了證明⑾成立，我們除了做其他工夫之外，還得證明⑿涵蘊着⑾，或者證明⒀是個對確的論證。可是，我們到底根據什麼來判定對確性是否成立，或者涵蘊關係是否存在呢？一言以蔽之，根據我們所使用的邏輯。

表面上看來，這是一個堂堂皇皇的回答。可是如果我們細心思想，就可能反問：那麼邏輯又是根據什麼而成立的呢？邏輯本身也是一個個的系統和理論。邏輯也有它的歷史發展和改革演進。現在我們除了傳統亞里士多德式的邏輯和古典二值邏輯之外，還有三值邏輯、多值邏輯、直覺主義邏輯、模態邏輯（包括表信邏輯、規範邏輯、表知邏輯、時態邏輯等）、相干邏輯以及乏晰邏輯等等。我們到底何去何從？在這些花樣繁多，種別各異的紛繁邏輯理論之中，我們究竟要選擇那一種邏輯——採取那一種邏輯的那一個系統——做爲我們解決證立問題的判準根據呢？這樣的問題不再是邏輯理論內部的問題，而是邏輯哲學和「後設邏輯」(meta-logic)的問題了⓬。

⓬一般的邏輯書大都介紹傳統邏輯以及古典的二值邏輯。對於其他類別的邏輯理論感興趣的讀者，可以參閱下列著作：㈠三值邏輯 (three-valued logic)：J. Lukasiewicz: "On Three-valued Logic" 一九二〇年發表，收錄於下書之中：S. McCall (ed.): *Polish Logic*，一九六七年出版；㈡多值邏輯 (many-valued logic)：N. Rescher: *Many-valued Logic*，一九六九年出版；㈢直覺主義邏輯 (intuitionist logic)：A. Heyting: *Intuitionism*，一九六六年再版。㈣模態邏輯 (modal logic)：G. E. Hughes and M. J. Cresswell: *An Introduction to Modal Logic*，一九六八年出版；㈤表知邏輯 (epistemic logic) 和表信邏輯 (doxastic logic)：J. Hintikka: *Knowledge and Belief, An Introduction to the Logic of the Two Notions*，

不過，我們在上面已經說過，我們對於一個邏輯理論如果完全不考慮它在其他知識理論的證立脈絡中，所能發揮的功用，那麼它也就容易淪為概念遊戲或符號玩意。因此，我們選取什麼樣的邏輯，就看我們所要處理的題材，能否成功地由該一邏輯加以處理——而且其成功的程度如何——來加以決定。邏輯必須能夠提供其他知識理論在建構上和系統化上的程序機制，並且為該等理論的檢驗程序，提供一個證立判準。從這個觀點看來，一個邏輯系統的構作除了有內在的條件需要滿足之外，還得注意應用上或實效上的要求。這是我們對一個邏輯系統或邏輯理論的「實效證護」(pragmatic vindication) 問題。

假定邏輯不是千古不可加以改變的東西，假定邏輯也可以在人類的歷史上進步演化，那麼什麼算是合乎證立標準——包括什麼算是合乎邏輯——也就要不斷地重新加以思察，加以反省和加

一九六三年出版；㈥規範邏輯 (deontic logic)：R. Hilpinen (ed)：*New Studies in Deontic Logic, Norms, Actions, and the Foundations of Ethics*，一九八一年出版；㈦時態邏輯(tense logic)：A. N. Prior: *Past, Present and Future*，一九六七年出版；㈧相干邏輯 (relevance logic)：A. R. Anderson and N. D. Belnap: *Entailment*，卷一，一九七五年出版；㈨乏晰邏輯 (fuzzy logic)：L. A. Zadeh: "Fuzzy Logic and Approximate Reasoning"，刊登於 *Synthese*，第30卷，一九七五年出版，頁407—頁428；㈩後設邏輯 (meta-logic)：G. Hunter: *Metalogic, An Introduction to the Metatheory of Standard First Order Logic*，一九七一年出版；(十一)邏輯哲學 (Philosophy of logic)：S. Haack: *Philosophy of Logics*，一九七八年出版。

以釐定。這也是我們必須時時刻刻動用創發性的思想，不可好逸惡勞地將一切問題交給「機械智能」，交給電腦來處理的一大理由。

可是我們千萬不能因爲我們當今所使用的邏輯容許修正補充，更改推翻，有它進步演化的過程，不是千古恆眞，萬世絕對的證立上的鐵律，所以也就立刻感到絕望，認爲天下沒有眞理，一切正誤之分和眞假之辨全屬空談。這是人類不斷容易蹈犯的錯誤，也是我們在二十世紀所面臨的巨大難局之一。我們所使用的邏輯，經過世世代代的應用、檢討、補充、修正與改良，具有極爲廣泛的成功用途，它雖然還有暗影和盲點，可是它在我們的文化成果中，獲取了強有力的實效證護。

區別了理論（包括邏輯理論）的邏輯證立和理論的實效證護之後，我們就可以看得出，一個理論的證立不一定會遭遇到不可避免的兩難局面：選擇無窮後退，抑或選擇循環論證。我們對於學說理論的支持證立，還有一片更加遼濶的天地。

最後，讓我們在此強調全面性的考慮和系統性的計較之重要性。不管我們所談論的是理論上的證立問題也好，或是實效上的證護問題也好，我們都不能採取一種狹隘的眼光和片面的角度，我們必須考慮文化的全面性和系統性。只有這樣，我們才容易將知識理論上的問題，安置在恰合其份的定位上，接受合理的討論，確切的瞭解以及適當的解釋。

從哲學與其他領域的相關性看

中國哲學的發展方向問題

——論中國哲學工作者的未來使命

一

許多從事中國哲學研究的人，或者從事哲學研究的中國人，甚至一般關心中國學術發展的人，以至一些偶爾生發文化反省的普通中國人，也許都曾經暗自發問這樣的問題：中國的哲學思想到底具有什麼現代意義？它對現代人的相干性到底有多少？它與世界其他的哲學——尤其是西方的哲學——是否能够比翼交鋒，甚至分庭抗禮？其中或許更有人會進一步發問：中國的哲學比起西方的哲學是否因爲比較沒有系統性，因而也就比較粗鬆？因爲比較缺乏論證性，因此也就比較落後？因爲比較欠缺客觀的知識性，因此也就比較不足採信？也許還有人更要直接追問：中國是否只有某一特殊分域和某種特定形態的哲學，而沒有一般性全面性的哲學？（比如：中國是否只有某種特殊形態的倫理學和形上學，而沒有任何種類的知識論等等）。我們也曾聽過有人索性這樣探問：中國到底有沒有哲學？

針對這一類的問題與疑難，有些人跟着積極地去設想：怎樣去闡釋中國哲學，使它能够像西方哲學似的，易於令人接受與採納；或者怎樣去重建中國哲學，使它像西方哲學似的，含有較高的系統性和論證性；或者怎樣去充實中國哲學，使它能够和西方哲學的廣含性和一般性抗衡比較，並駕齊驅。這樣的思索和努力，往往給認爲是種尋求中國哲學的「現代化」或「世界化」的努力——甚至給當作是種尋求中國哲學的「西化」的努力。

誠然在上述的疑慮和問題之間，包含着許多有待澄清的歧義、含混和不準確；同樣的，在上述的尋求和努力之中，有些也只是起於一時感興之作，而缺乏全盤的思慮與計劃。不過這類的問題決不是空穴來風，無中生有；這類的思索也不盡是畫餅望梅，枉然白費。可是如果我們眞要在這個方向上有所作爲，而能喚起專業哲學家的注意與投入的話，我們首先恐怕得對這些問題加上一點比較深入的思索，把問題的來龍去脈弄得更清楚，將問題的性質與內涵做得更明確。這樣一來，我們才可望對當今中國哲學工作者在這方面可望做出的貢獻，獲致一個較爲確切的領會。本文的目的正是這種釐清和闡明的工作；它本身不是一種純粹哲學的思索，它主要是一種「後設哲學」的考察。

二

不管我們將哲學想成什麼，無論我們對「哲學」一詞是否持有衆人公認的界說，對於那些一般堪稱爲哲學思想的體系，不管其系統性和論證性的程度如何，我們都可以從兩個層次來加以思慮省察。第一，我們可以將哲學思想體系當作是一種人類的情思所可取來把玩鑑賞的對象。正好像一幅畫、一首詩、一段樂章或者一個數學系統似的，它可能是由於人類的暇思、好奇、感懷和實際需要，經過思慮與安排而被創。可是等到創作出來之後，我們可以拿這些「作品」當做是人類心智與性情的結晶，不率先考慮它們的「工具價值」與實際功能，而專心注目於它們的「內在意義」和「自存價值」。比如，我們可以暫不理會某一首詩是否寫來寄情示愛，而只從它文字上的結構和韻律上的安排以及它所表現的情愫和意境，去欣賞它的價值和評鑑它的高下；我們也可以暫不考慮某一個數學理論——比如幾何系統——是否設計來勘量土地或者計算天文，而只根據它在陳構上的嚴緊、細密、準確和簡潔，以及它在涵蘊上的一貫性、完全性和系統性，去批判它的優劣和決定它的價值。同樣的，一個哲學的思想體系通常都有它產生的時代背景、文化脈絡和社會條件，因此該思想體系往往具有它實用上的參考點——包括充當理論上的依據和證立功能，以及人生「安身立命」上的依傍憑藉的作用。可是，我們也可以將一個哲學思想體系暫時從它的「實效」脈絡裏抽離出來，而專心注意該體系的佈局與結構，以及它所表現出來人類的智覺洞察和情意感觸所可望企及的高度和深度。我們馬上會在下文提及，從這個層次來觀看一個哲學的思想體系，並不意味只是將它當作是一種概念遊戲或文字遊戲而已——除非我們要把整個的文化建樹和人生構想也只當做是一場大的概念遊戲。

第二，我們也可以從上文所提及的「實效」層次，來看一個哲學的思想體系。從這個層次看，一個哲學思想體系可以具有很特定而確實的功用，正如有的悲劇可以用來滌淨心靈，有的歌曲可以用來昇華苦悶，有的詩章可以用來砥礪志氣，有的純理數學系統可以用來充當科學理論的支柱一樣——比如微積分之於一般物理學，李曼幾何之於愛因斯坦的相對論；或者布爾代數之於電路設計，初階邏輯之於電腦系統等等。同樣的，哲學思想體系在人類生命裏的許多情節和文化建樹中的許多關鍵上，扮演着重要的基礎支持和理論證立的作用。有些人因爲信持某一哲學思想而逍遙曠達，另外有些人因爲讚擁其他某一哲學思想而悲觀厭世；有的哲學思想令人一味獨善其身，有的哲學思想令人立志兼善天下；有的哲學思想敎人猜忌多疑，憤世嫉俗；有的哲學思想導人憐憫慈悲，博愛好施；有的哲學思想引人專視尋求一己的感官快樂爲人生之要務，有的哲學思想引人改以超越自我的精神理想做爲生命之最終鵠的。在這類的意義之下，我們可以說哲學的思想體系——不論它的系統性和論證性的程度如何——往往爲我們的人生提供一種安頓生命，建立情操和標定價值的基礎——不論我們這種對哲學思想的依憑是直接採自哲學思想體系本身，或者間接得自別人對該思想體系之闡釋、引申或變型；也不論我們這種依憑是完全自覺而發，或者半自覺而爲，甚或只是在歷史文化的洪流中獲得的一種俗成的習慣而已。爲了方便起見，讓我們簡單地將哲學思想在人生裏所具有的這類效能，稱爲建立人生的「哲學情操」的功能。

哲學思想在建立人生哲學情操的功用上，往往不必嚴格注重思想體系內部的精確性、完整性和系統性；有時甚至不必太過計較該體系的一貫性。因爲哲學情操主要是直覺的、體驗的、生活的，甚至是重感性的；它往往着重優美甚於注意精確，講究高超甚於追求一貫。因此，正如一部論語號稱可以治天下似的，往往一個概念（或少數幾個概念）經過情意上的衍發，也足以令我們心安理得，信守不渝。當然這並不表示，任何的哲學思想體系，在任何的時空背景之下，只要有人鼓吹提倡，都能夠發揮這種與發人生的哲學情操，建立人生的基本價值的作用。比方在以往能夠用來充當我們價值指標的哲學思想體系，現在也許已經無力繼續指導我們生命的方向。一套哲學的思想體系必須在重要的關節上與現代人的經驗銜接起來，該體系所闡揚的才能夠順理成章地在我們情操的養成和價值的認定上，扮演一份舉足輕重的角色。

哲學思想體系的另外一種重大的效用是屬於理論上的，尤其是對於人類知性方面的建樹，提供一種生成的基礎和證立的根據。舉一個明顯的例子來說，自古以來不只科學概念的形成和科學理論的建立常常脫胎於哲學概念與哲學思想，更重要的是所有的科學理論或科學系統，不可避免地都必須以它自己所不能給證的哲學判斷做爲它的基礎假定或根本設準。比如十七世紀的自然科學假定着一些唯物論甚或機械論的重要斷言，二十世紀中葉的行爲科學假定着某些經驗論甚或運作論的基本主張。這是從科學理論的生成基礎方面來看。另一方面，一個科學理論的成立與發展並不只是取決於經驗的證據或「事實」，同時也受制於當時人們——尤其是科學家和科學理論的評論家——所抱持的哲學信念和主張。比如，我們到底要使用二値邏輯或多値邏輯？使用歐氏幾何或非歐幾何？把宇宙看成封閉系統或開放系統？把事件看成完全由因果律決定或者有本質上不可由因果鏈鎖加以決定的環節？不同的哲學立場決定不同或不盡相同的核證程序和證驗標準。這是由科學理論的成立根據方面來說的。

我們在上文裏只拿科學的情況作爲簡單的例釋。事實上哲學思想體系在這種意義下的效用，卻遠超科學的範圍。我們可以說，舉凡文學理論、藝術學說、法律系統、政治主張、經濟理念、歷史觀、人生觀等知性的建構，後面全都隱藏着某一哲學的生成基礎；它們歸根究底也全都依靠某一哲學的思想體系，做爲它們證立的根據。

哲學的思想體系在此第二類的實效上說，就必須注重理論性、系統性、論證性和一貫性。不但如此，哲學體系本身的衍發力和創造力，也是決定它能否成功地具有此種效能的重要依據。這是不難理解，而且很容易想像的事。

三

我們把哲學從功能或價值上切分為兩個層面去加以觀看。現在為了簡單起見，我們要將第一個層面，也就是哲學思想體系的「內在意義」或「自存價值」，稱為哲學的「唯美」層面；而將第二個層面，也就是建立生命情操，標定人生價值；以及為人類的文化產物，特別是知性建構提供生成基礎和證立依據的功能，稱為哲學的「實效」層面。值得注意的是，這樣的切分是種功能上或作用上的區分，而不是哲學體系內部的區分；因此，一個哲學思想體系能否成功地滿足某一功能，這還要看一些人為的因素和歷史文化上的脈絡而定。比如，一個發展良好的哲學思想體系不一定能夠為文藝理論提供生成基礎或證立根據，除非文學家藝術家或是文藝理論家在該哲學體系與文藝理論之間建立起一座中介橋樑。任何一個理論體系本身都不（或不一定）自動附帶應用條款，也不自己局限應用範圍；哲學體系的應用必須由使用者自己去開發去尋索。相反地，有時候我們在某一分殊學科的領域中，感受到有種迫切需要哲學思想支撐的明顯意圖甚至強烈動機，可是也許至今仍然沒有發展得頗為完善的哲學體系可加借助或引用，因此我們對哲學雖然寄望甚殷，但它對我們的需要卻無能為力。比如在現代的物理學——尤其是在量子力學裏面，我們往往感受到需要一種別於古典的二值邏輯的演繹模式；或者在諸如醫學診斷學等領域裏，要求一種與傳統的邏輯不盡相同的推理系統；可是至今多值邏輯、模態邏輯、歸納邏輯、因果邏輯和乏晰邏輯等理論系統依舊停留在草創的階級之中，仍然不足以拿來作爲全面的核驗給證之用。

我們說哲學思想體系具有對其他學說或理論提供生成基礎或證立根據等實效功能。但是這話並不表示在哲學裏面我們總是預先設計創製好一些純粹空靈完全凌空的思想體系，等待其他領域的理論家來挑選取用。哲學家也是活在歷史文化裏頭的人，他也在參與思慮人類的重大問題，並且希望幫助提供解決的方案。因此哲學思想體系的建立往往與當時該文化裏所存在的問題——尤其是重大的理論問題——具有密切的關聯，兩者甚至銜接在一起，互相刺激，共同發展。這就是爲什麼哲學思想往往呈現出文化的色彩和時代的精神。因爲每一個時代每一個文化之中，人們由於所要解決的重大或迫切問題有所不同，他們的思慮焦點和理論興趣也會有所差異。也是因爲這樣的緣故，我們看到哲學在各個民族，各個文化和各個時代裏，表現出不同的發展方向和着重領域；有時甚至表現出不平衡或畸性的發展。

爲了方便討論起見，我們曾將哲學分成唯美的層面和實效的層面。可是這樣的切分顯然不是互相排斥，互不通用的。在一個主要是唯美的哲學體系裏，可能含有可資採用的實效成分；同樣的，在我們一般拿來充當實效功能的體系裏，也可以具備着唯美的條件與性質。不但如此，一個哲學思想體系在唯美上或實效上的比重，往往會因爲我們着眼的寬窄和它所在脈絡的廣狹，而放大或縮小，漸顯（「淡入」）與漸隱（「淡出」）。當我們專心注意一個哲學體系的內部結構和系統意涵時，我們可能集中精神在唯美的欣賞與評鑑之上，但是唯美的鑑賞本身也可以含有情意上的實效價值。倘若我們進一步將該體系用來做爲（比如）科學理論的生成基礎或證立根據時，我們又容易注目於該體系對該理論之助生和證立的實效功能，集中考察它在這方面的成果，或者設想如何精進它在這方面的能力，而把科學理論的建立看成是本身具有價值的活動。哲學體系的唯美性質這時反而退居次要地位；等到我們轉而將科學本身（因此隱含地連帶着它的哲學基礎）做爲說明宇宙現象或者組織人類經驗的工具時，我們可能就有其他的人生目的或文化理想做爲我們追尋的價值。這時我們由於注目於這類人生意義或文化價值之上，因此原來在底層深處層層而上支撐着這種價值的哲學體系，其唯美色彩似乎又進一步地變淡變遠了。

可是這要看我們如何固定我們的注意力，也要看我們如何安排我們的洞察視野和思察深度而定。對於一個問題或一個對象，我們可以但見樹木而不見森林的看，也可以明察秋毫而又見輿薪的看；我們可以浮光掠影的看，也可以剝繭抽絲的看。對於哲學，尤其是哲學思想體系的唯美功能與實效作用的比重之較量，情形也是如此。特別是當我們是從傳統哲學家立志尋求最基本而又最廣含的原理原則的角度來看，而不認爲哲學體系的建立只是文化當中自我孤立與衆絕緣的部份時，我們更應當將哲學的唯美功能與實效作用兩者之間的比重放置在適當的平衡點上。

尤有甚者，許多事物不能純粹只是由其實效功能或者工具價值的層面來加以確認評定（完全否定其唯美功能或自存價值）而不產生根本的難題和困境。哲學就是最顯明的例子。上面說過，如果我們拿哲學充當其他文學建構的生成基礎或證立根據，層層外推，到後來我們會推展到一些自存的文化價值之上。也就是說，終有一些文化建構與價值（人生理想、最後價值、絕對眞理等等）我們必須以唯美的眼光視之，而不能再依實效的態度對待。可是如果我們心想避免獨斷，因此一定要再爲這些文化建構與價值理想尋求理由根據時，我們要怎麼辦呢？一言以蔽之：再回到哲學裏！這裏我們似乎遇到一個極大的困境：有時我們起於哲學，而又回到哲學。這在證立上不是一種循環嗎？

我們無法在此詳論此事。事實上，這是人類知性活動和所謂理性行爲在證立上所遭遇到的最大詭局：爲了避免獨斷與武斷，我們走進循環論證的陷阱裏。如何解決這類困境，那是後設哲學的主要課題之一。

當然我們不一定直接把表面上看來似乎是循環論證的，完全當做是種惡性循環。從後設哲學的觀點來看，我們應該謹愼區別有害的循環論證和無害的循環論證，區別實質上的循環論證和形式上的循環論證；甚至區別比較善性的循環論證和比較惡性的循環論證。比如，有些循環的給證關聯從靜態上觀之，也許是有害的；可是從動態或「辯證」上觀之，可能是無害的。同樣的，有些證立連鎖從平面上觀之是循環的（只是表面上或「形式上」的循環），但若從有發展有高度的立體層面觀之，則不一定是循環的（並非實質上的循環）。此外，在循環論證之中，有的循環是大循環，有的是小循環。一般來說，如果其他條件不變，較大的循環是較爲善性的循環，較小的循環是較爲惡性的循環。

由於有這一層後設哲學的考慮，因此最後我們或許只能在極大的脈絡中，談論哲學意義與文化價值；而且在談論之時，最終無法避免自我指涉和循環論證。（自我指涉所造成的困境和循環論證所衍生的難關極爲類似）。因爲這個緣故，即使是在孤立抽離的場合，我們也不能不分青紅皂白地一概將純粹唯美的哲學體系，當做只是一套概念遊戲，除非我們要把整個的文化建構不加區別地也當做只不過是一套大的概念遊戲而已。

這一點對我們的討論具有密切的關聯。因爲這樣看來，任何哲學的思想體系，只要它在其文化脈絡裏，與其他的理論建構發生實效上的關係，那麼我們也就很難否定它的存在意義和證立的可能性。簡單地說，差不多所有認眞構造出來的哲學體系，或精或粗，都可以在證立上和在存在價值上自圓其說的！

四

有了上文的瞭解之後，現在我們要着手對中國哲學的當前處境做一番省察；窺看它在今日的世界裏遭遇到一些什麼問題。希望這樣的考察終久會有助於指出中國的哲學工作者今後的某些重要使命。

中國的哲學思想體系，不論是儒、道、佛三大系統中的那一個（或者它們的子體系）都有它本身的洞見深度和思想高度，因此從唯美的層面上看，都有它確實的成就以及可以繼續精進和不斷發展的潛在條件。不但如此，各個思想體系在以往的歲月裏，都曾經在不同程度和不同情境之下，爲中國人的生命哲學情操的培養，人生基本價值的確立，待人自處之行爲模式的養成等等之上，提供了影響深遠的生成基礎和指導原則。另一方面，那些思想體系也曾經爲中國的文學觀、藝術論、政治學說、醫學體系，甚至健身術、命運論和男女觀等等提供了生成原理和證立根據。所以，我們可以說，中國的哲學思想體系在以往的年代裏，曾經發揮過很特定而且很廣泛的實效功能。可是爲什麼近百年來我們從事哲學工作的人卻好像禁不住生發一種壓迫感，一種疲弱感，甚至一種幻滅感呢？爲什麼我們會有人認眞發問本文開頭所提的那些問題，並且努力試圖想要去尋索出答案來？

我們可以簡單地說：中國的哲學在當今的世界裏似乎遇到了一些重大的難題；我們甚至可以大膽地說：中國的哲學目前似乎有了危機。

可是什麼是哲學上的危機呢？一個哲學的思想體系產生危機之時，到底有什麼徵候呢？當今的中國哲學是不是表現出這類的徵候，因此我們相信它有了危機呢？

任何的知性產物——尤其是一個理論（包括思想體系）——所面臨的危機，可以從兩方面來加以觀看：一是由理論內部所引起的危機，一是由理論外部產生的危機。當然兩種危機並非互相排斥，不會併發；不但如此，有時兩者也會互相作用，互爲因果。

簡單地說，來自一個理論內部的危機通常起於下列諸端：第一，該理論所含有的概念——尤其是那些基本概念——缺乏準確性和衍發再生的能力。這有時候是因爲我們將概念定得太過死板或太過狹窄，沒有留出調整包容的餘地，不能利用此等概念來涵蓋新興的事物或者道說本可觸類旁通的原則；可是另一方面卻又可能是因爲我們把概念定得過分鬆散或過分廣泛，以致無法精細而又準確地使用該等概念來做出細密嚴緊的斷言。第二，該理論所設定的基本斷言、主張或原理缺乏完整性（廣含性）、準確性，甚至欠缺一貫性；因此我們無法利用它們明確無訛地演繹出我們所想要捕捉的眞理，同時又能利用它們排除或抵擋我們所要拒絕的假話。當然一個理論是否完整，並不是很容易可以由其基本設定上一眼看穿的；就是一個理論是否一貫，通常也不是只要對那些基本設定加以表面的觀察，就能够立卽評斷的。要能終久有助於向完整性和一貫性的目標發展，一個理論的基本設定必須標示得愈清晰愈明確愈好；否則整個理論容易流於疏離鬆散。表面上看來好像可以兼含並包許多內容，可是由於不够確定，我們往往反而無法明確指出這個理論到底眞正包容那些內容而排斥那些內容。第三，該理論缺少一套有效的組織、安排或演繹程序，因此理論的系統性不容易建立起來；理論內部的許多重要之性質——尤其是形式性質或邏輯性質——也不容易檢查出來。這時該理論原來卽使含着富有衍發性的基本概念和具有創造力的基本命題，可能卻因爲組織上系統化方面的缺陷而事倍功半，甚至功敗垂成。這種情形就好像一大批良好的建築材料，如果零落散堆，不加取用建構，卽使「爲山九仞」，也不成爲華麗的樓房一樣。我們甚至可以說，一個理論如果在這方面顯得脆弱，它的理論性就很低微，那時持着此一理論的人，往往也就無能承受或者不知怎樣應付其他理論之有系統而富有論證性的挑戰。

上面所說的這三種理論危機顯然可以同時併發；不但如此，它們之間有着極爲密切的依存關係。這是很容易看得出來的。一個理論的基本概念有了缺陷，自然影響到起用此等概念的基本命題；同樣地，概念和基本命題有了問題，系統化的工作自然難於進行。可是缺少系統性，欠缺論證性，又使得我們難以辨認出一個理論的基本概念和基本命題，到底有沒有缺陷，以及缺陷在那裏；無法令我們明確看出，到底應該怎樣去調整去補救。

哲學上的思想體系自然是種理論（至少我們必須以理論視之），因此也有可能遭遇到上面所說的理論危機。當然一個理論有危機並不就表示它應該立卽遭人捨棄，從此壽終。我們還可以深入探尋問題的來源，認識問題的性質以及各層問題之間的生成關聯和結構系絡，然後設法提出解決問題的方案，希望挽救該理論於危機之中。這是任何的理論在不斷進展的過程當中，都會遭遇到的情景。可是，如果長期的挽救努力徒勞無功，原有的困境一直停留不去，或者避開了舊有的困難，同樣重大，甚至更加嚴重的新難局就跟着出現；解決了原先的問題，更進一步的問題立卽接踵而生的話；那麼漸漸地，也許人們就不再費神去修補這個多難的理論，而放手任由它讓人捨棄，受人遺忘。

可是，我們怎麼知道一個理論遭遇到危機呢？

通常說來，要準確地指出某一理論所遭遇的危機到底是在那裏，這也許是件比較專技性，因此是件比較困難的事。它往往是熟悉該理論，對它有過一番深入研究的人，才有能力勝任愉快的。可是要看出某一理論遭遇到危機（而不必準確地指出危機出現何處），卻並不是件那麼專門，那麼需要高度技巧的事。往往沒有受過專門訓練的人，也能察覺出一個理論遭遇了危機。這就是爲什麼對於當今中國哲學的處境，有許多不是專門攻研哲學的知識份子，甚至一些只是留意一點文化現象的普通人，也能看出其中隱含着困難。那麼，一個理論遭遇到危機時，表現出什麼樣的徵候呢？

理論的主要功能在於說明和解釋我們的經驗與觀念，並且將它們加以組織和系統化。可是由於人類的經驗和觀念是一個開口集合，而不是一個閉鎖領域；因此一個理論必須不斷接受新進經驗的考驗和添增觀念的比對和印證，才能保全它的說明力和系統組織的作用。在這種情況下，一個理論必須不斷的發展，不停的開拓，以便收容新經驗和新觀念。所以有沒有發展——尤其是在關鍵時刻有沒有重大的發展（甚至突破），而不只是枝節的小發展——常常可以用來做爲窺看一個理論是否能够應付危機的窗口。

回顧中國哲學的當前處境，我們或許可以藉助上面所做的解析，追問一下中國哲學的思想體系有沒有發生某種理論內部的危機；同時，如果有的話，我們從事中國哲學的工作者應該向着什麼方向去努力，使中國哲學安然地渡過這種難關。

我們可以這樣發問：中國哲學思想裏的哲學概念（尤其是那些最基本的概念）是不是在準確性和衍發力方面具有令人滿意的表現？中國哲學裏所含有的基本命題又怎樣？此外，中國哲學的系統性如何，它的論證性又如何？

要對這些問題提出確定精密的答案，那需要比較多的專家在中國哲學的各個子體系裡，做出細密深入的探察。這是件頗爲繁重的工程。不過，爲了本文的目的，我們只要舉些例子，做爲討論和設想問題的輔助。

比如我們可以這樣發問：在儒家的倫理觀裏頭，「忠」和「孝」這兩個概念是否制定得太過狹窄？假若我們可以談忠而不必談忠君，可以講孝而不必講依順；那麼跟着發展出來的道德理論是否會更具普遍性和創發性？相反地，道家的形上學裏邊的「道」和宋明儒學的心性論和宇宙論中的「理」這些概念，是否制定得過分寬鬆？假若我們能夠從頭區分規範原理的道和創發主體的道，那麼我們是否可以發展出更加適合於宇宙論和存有論（本體論）的日後發展的形上學？同樣地，假若我們能夠將宋明儒學中的理標定得更加嚴格，那麼現代意義的心理學——經驗心理學和哲學心理學——是否早就在中國的學術界裏萌芽發繁？類似這樣的問題我們可以一直追問下去。事實上，重新檢討哲學上的基本概念是我們從事中國哲學的「現代化」或「世界化」的最基層之步驟。當然我們在進行這個基礎工作時，必須同時照應到中國哲學裏的基本命題和方法論之改革與精進的問題；這些是一個理論的整體性問題的一部份，不能完全割離分開來處理。

舉例來說，我們除了追問「道」這個概念的內容而外，必須同時考察關於道的基本命題的妥切性。比如在「道可道非常道，名可名非常名」之中，常道與非常道之分以及常名與非常名之別，可以運用同一個標準嗎？（就是使用可道性可名性原則）。這個標準的形上地位如何？它是等於可想像性原則或只等於可道說性原則？如果是可想像性，那麼那是什麼意義的可想像性？如果是可道說性，那麼那是在什麼樣的（不是那一個）語言裏的可道說性？不但如此，由此一標準區分出來的無名之道（天地之始）和有名之道（萬物之母），以及「道生一，一生二，二生三，三生萬物」裏所標示出來的創生原理，是一種或多種原理？「始」和「母」的共同性在那裏，相異性在那裏？「生一」、「生二」、「生三」與「生萬物」是同一種創生或不同種創生？類似這樣的探究足以顯示出哲學基本概念的省察和哲學基本命題的斟酌，兩者不能完全隔離，獨立進行。它們應該對應配合，相輔相成。同樣的，如果我們細心去分析宋明儒學中的「心」、「性」、「理」、「氣」等概念時，也不能不同時照應兼顧像「心卽理」，「性卽氣，氣卽性」，「有理則有氣，有氣則有理」等等基本重要的命題。

值得特別提出來的是，中國哲學的方法論問題，包括系統性問題、論證性問題和表達方式問題等等，也需要在上面所提議的基本概念和基本命題的考察之中，一併加以檢討。事實上，一個概念是不是基本概念，一個命題是不是基本命題，那要在我們將理論加以系統化了以後，才容易準確地指認出來，不但如此，概念的標定和基本命題的釐清要在系統化的考慮之下一起進行，才能收到彼此配合，相得益彰的功效。

歷來有不少人把中國哲學拿來和西洋哲學相比，指出兩者在哲學方法上的不同；其中最受人津津樂道的，恐怕莫過於分析與綜合之分以及論證性和直覺性之別。不管西洋哲學與中國哲學的區別是否眞如所述；也不論西洋哲學是否眞是分析的（而不是綜合的），是否眞的富於論證性（而欠缺直覺性）；我們首先應該發問：這樣的區分對中國哲學來說，到底是種過去歷史的描述報導，抑或是中國哲學特質的性徵標定？換句話說，到底中國哲學是碰巧發展成爲綜合性的和直覺性的呢？還是它的本質就是如此（甚至理應如此）？倘若我們感覺到以往的中國哲學欠缺分析性和論證性，而應該在這些方面加以補充增强的話，那麼這是否表示在我們的心目中，中國哲學和西洋哲學并不是在這類哲學方法上面具有根本的分歧？

從理論的建構觀點看來，分析的方法與綜合的方法通常不但不是互相排斥，而且往往必須交互使用；這樣才能完成系統的建構工作。同樣的，論證性的推展方式和直覺性的把握方式也經常不是各自絕緣互不相干的；直覺之把握往往是開展理論的出發點和判定目標的標示點，它們散落並置，讓論證性的線索將之連接重構起來，建立成爲理論的架構。因此，我們不能只因過去中國哲學的思想體系欠缺分析性和論證性，因而習以爲常地認爲那是中國哲學不可多得的特質。相反的，除非有反面的證據，我們應該首先假定：方法不分中西，只要能夠用來達到我們組織經驗和建構思想的目的，那怕碰巧是在西方發展出來的，我們也不必忌諱使用。（我們可以將此一假定名之爲「方法中立的假設」）。這樣我們才不至於在起點上先行故步閉關，築籬自限。

由此看來，清理中國哲學顯然不能只是停留在故紙堆裏的工夫上面，我們必須設法將中國哲學裏的思想，進一步地加以理論化與系統化，使其成爲世界學術的一個重要部份，而不只是讓它永遠停留在地域性和歷史性上面，與民俗學相伯仲和地方誌共比擬。

五

理論的危機有時出自系統外面的壓力。對於中國哲學的當前處境而言，有幾方面值得我們的哲學工作者特別加以留意。現在讓我們從比較簡單，比較容易解決的層面說起：

第一、儘管哲學的思想體系可以從唯美的角度來加以創造和觀賞，可是一件作品是否給人接受和令人欣賞，卻不完全決定於它本身的性質與條件；尤其是那些必須通過對語言文字的意含之領會，而不只是訴諸顏色、聲音、形態與動作的直觀把握才能建立起來的作品，更是如此。哲學的思想體系正是屬於這類的創作。要接受，首先必須有了領會；能欣賞，首先必須起於瞭解。然而領會與瞭解卻不是一種直覺的觀照，更不是一種與生俱來的能力；它是通過種種的訓練才能獲致的——其中包括語文用法的把握和廣義的思想方法方面的熟練（例如概念的應用、解題的認識和證論的運作等等)。現在讓我們發問：中國哲學在當今的情境下，是否遭遇到理解上領會上的難題或危機呢？首先讓我們比較一下西洋哲學的情況。舉例來說，現在我們許多人都通過日常語言(最常用的是英文、德文和法文)去接觸甚至鑽研西方的古典哲學。除了專家學者而外，目前我們若想要領會瞭解西方的古典哲學，已經不需要首先精讀古希臘文和拉丁文。所以柏拉圖、亞里士多德、普羅丁納斯、奧古斯丁、亞奎那斯，直到笛卡兒和萊布尼玆等人的哲學思想都可以藉現代的日常語言去接近和理解。這是古典的哲學語言之現代化所帶給我們的結果。其中含有許許多多人的精力和心血。同一部古典的哲學著作往往必須在不同的時代，再以該時代的通行語言重新加以改譯或釋寫，才能符合一般人(而不是專家)的需要。這種新譯和釋寫的意義和重要性，遠遠超乎文字外表的改頭換面。事實上，這樣做不但是爲了要將原有的哲學思想表達在對於當前來說易讀易懂的語言文字之上；更重要的是，此舉能將原來的語言文字所再也不能表達(或難以表達)的哲學思想，重新表達出來。這點在哲學的新譯和釋寫上極爲重要，可是卻常被忽略；其中的原因也許在於這方面的功能聽起來似乎有點詭異，令人費解。原來用以表達某些哲學思想的語言文字，爲什麼會變成無能無力去繼續負載原來的完整內容？其實，只要我們認眞細想，此點實在不足令人驚異。語言是種有生命的文化建構，它具有生成、發展、演進、變革，甚至衰亡式微的歷史；因此，一個曾經在遙遠的過去發揮過表情達意、傳知通訊的全面功能的語言，事過境遷時移世易之後，可能不再能够像以往一樣足以輕易而圓滿地達成該語言原有的功能。在這種情況之下，該語言就面臨着理解上的危機。爲了挽救這種難局，有時該語言的文體改變了，有時其中的語彙之意義與用法修訂了，有時該語言中或隱或顯的規則與成例不同了；也有時候這種自覺或不自覺的挽救工作失敗，於是整個的語言式微衰亡，只變成少數人或少數場合裏的通行工具而已，甚至只成爲歷史的遺跡。

反觀中國傳統哲學的語言，它含有極爲早期的古文（比如易經的文字）也有較爲近期的文言（比如宋代之後的哲學文字），但此等作品卻甚少有全面性和系統性的白話「譯本」。可是白話卻是當今我們用來表情達意，接受知識，進行思考論證推理等等的最主要之語文工具（有時甚至是唯一的語文工具）。我們許多知識份子目前所能有效掌握的，只有白話文而已。因此有系統、全面性的將古典的哲學作品翻譯成白話文，這是當前從事中國哲學的工作者所面臨的巨大而繁重的工作之一。這項工作需要考據注疏方面的輔助，但主要卻是一件哲學的釋寫工作。

或許有人會以爲把文言白話做這樣尖銳的比照，似乎有欠合理；我們不是到現在仍舊能够充分欣賞漢賦、唐詩、宋詞、元曲以及其他舊小說古文學嗎？爲什麼唯獨遇到哲學思想我們就無法通過文言文加以充分瞭解領會呢？對於這個問題，我們可以簡單地答覆如下：第一，把文言和白話做如此對比，如果是在三十年代，就很可能是件不合理的事；因爲那時提倡白話文的運動初起，知識份子仍然接受許多文言的語文教育，大家還有頗爲深厚的舊文字和舊文學的根底。可是時至今日，大家鮮有文言方面的訓練；一個大學畢業生如果沒人指導，不僅未能暢讀「左傳」，可能就連「史記」都無法輕易理解；要他們看「老子」，解「易經」，更是難若登天。其他一般的知識份子就更不必說了。第二，現在我們是否依舊能够充分欣賞舊文學，那是件可以詳細爭論的事；不過我們必須記住欣賞與理解的距離——尤其是對於哲學性的作品來說尤然。

我們在此强調中國古典哲學作品的白話釋寫，至少有下列幾個基本的理由或考慮：(1)白話的釋寫可以將原來在文言中不易爲現代人所讀出的隱含內容，明白呈現出來。語言都有它在語用、語意和語法上的隱含假定和明顯內容。當該語言是種衆人常用的活語言時，許多假定雖然隱而不顯，但卻（至少在必要時）爲人所熟知，因此有助於人們決定運用該語言時所標明出來的準確內容；可是等到該語言不再是個活語言的時候，那些假定或隱含的約定俗成的項目，也就不再受人注意，久而久之甚至遭人遺忘。這時如果不是有專人提醒與指導，我們往往無法從文字表面獲取原來該有的準確內容。比如，在文言文中有許多文字上邏輯上和事理上的關係，不一定全部都以文字明顯表現出來。許多時候沒有文字，可是所要表達的關係卻已經存在於字裏行間。這些隱藏着的關係，往往就不是不諳文言的人所能輕易讀出的。所以，對古典哲學加以白話的釋寫，這工作不只停留在文體表面的變異，更重要的是這工作能够將現代人容易誤失的成分，重新檢拾還原起來。這是個重建的工作；它又使考據上的努力與義理上的追尋相益得彰，爲哲學思想的確切表達推陳出新，甚至爲哲學的發展注入新的血液和動力。事實上，上文所提到的中國哲學之基本概念的重新釐定，以及基本命題之再解釋，應該配合此處所說的釋寫，一併進行，以收觸類旁通，一舉兩得之效。⑵前面說過，理解一事牽涉到語文用法的把握和一般思想方法的熟練。這包括概念的把握和論證的運用。可是讓我們注意一個事實：當今絕大多數的人是通過白話文（甚至通過流行的外文）去習得概念，把握概念和運用概念的，並且是通過白話文（甚至外文）建立許多理論網絡——包括邏輯網絡、數學網絡和種種的科學網絡等。白話文有它自己的語法規律和邏輯結構，通過這些規律與結構所建立起來的概念系統和思想體系，構成了我們當今知識份子所擁有的「常識」、「通識」甚至「共識」的基礎；我們的思想、推理和論證是在這類「識野」的大網絡中進行的。我們現在已經絕少投身傳統學術所標示衍發的識野，去設想問題和解決問題。所以，如果我們要能理解領會傳統的中國學術——特別是古典的哲學思想——我們必須及早將它所依據的基本概念和基本命題重新詮釋，定位放置在現代思想的識野網絡之中，使傳統的學術思想能夠在現代社會裏，繼續發揚光大。這樣一來，才不致於在傳統學術與當代思想之間產生一種「文化斷層」的現象。這是中國傳統學術現代化的當前要務，也是中國哲學現代化不可或缺的一個環節。⑶時至今日，我們再也不能只談中國學術而不談世界學術，因爲我們知識界所擁有的概念、演作方式和基本假定，已經無法區別東西，强分中外。我們所討論的對象也許是中國的（比如唐詩），可是我們所使用的概念和理論卻可能源自外國（比如結構主義的概念與理論）。不但如此，由於方法本來獨立於題材，因此並不分古今中外；加以今日中國以外（尤其西方）的學術界，各方面往往都有生氣蓬勃，崢嶸頭角的理論，因此我們早已自覺或不自覺地取用外來的概念和理論。這點在科學裏情況極爲明顯。可是在人文的許多領域（比如文學、藝術、歷史等等），亦復如此。我們沒有理由唯獨在哲學思想體系的處理上，定要故步自封，與世絕緣。倘若這個基本構想是對的話，那麼我們應該將古典的中國哲學思想表達在一個可以充做世界性流通的概念架構與問題網絡之上，使得中國的哲學容易與世界其他的哲學交互印證，彼此對照；必要時甚至共同發展，互相補益。這是中國哲學現代化的重要意義，也是當今我們哲學工作者所面臨的一個重要課題。

第二個值得我們留意的層面是中國的哲學和現代人的經驗之間的關係。

我們業已說過，即使從唯美的角度來看，一個哲學的理論體系具有它優良的內在品質，這也並不自動保證該體系就會爲人所接受所採納。因爲哲學不只是人類知性世界裏那高入雲霄的瓊樓玉宇，它同時也是我們一切精神價值所賴以支撐的原野大地。一個哲學思想體系能否被接受，和它是否易於被理解有關（這點我們剛剛談過），更重要的是和它與人類的生命體驗的相干性，具有密切的關聯。一個哲學的思想體系愈能扣緊到人類的生命體驗和生活經驗之上，則它愈顯現出在實效上的可行性和有用性（建立生命哲學情操，標定人生價值，爲人類的知性建構提供生成基礎和證立依據等等）；因而愈能引發人們的興趣，促進研討，參與改進，終久可能導致對它加以採納和接受。可是人類的生命體驗和生活經驗卻因時代的變異和歷史文化的差別而相去甚遠。古時候的人之經驗和現代人的經驗也許迥然不同，中國人的體驗和西洋人的體驗可能大異其趣。不過，對於當今我們所處的時代和所面對的世界來說，由於交通的發達，工商關係的密切，以及彼此互相瞭解的興趣和需要的增强，不同文化之間的各別特徵雖然並沒有完全消失——也許永遠不會完全消失；我們也沒有理由寄望這種文化獨特性的消失——可是時至今日，任何一個文化都不能完全無視其他文化中的獨特成素和有力影響，一味只求故步自封，自我保全。在我們這個世紀，一種切合現代人的「世界文化」逐漸在形成，它雖不能全盤取代各別文化的歷史意義、地域色彩、情感內涵以及其各別性與特殊性所涵藏的細膩、深刻和豐富，然而它卻在我們現代人的日常生活、知識形成、價值建立和其他個人之世俗事務與種種國際關係上，佔據着舉足輕重甚至唯我獨尊的地位。這樣的世界文化不但導源於現代人的經驗，同時也繼續不斷在塑造現代人的經驗，它不是——也不可能是——純粹西方的（雖然不巧有許多西方文化的因素和源流），它也不是——和不可能是——完全東方的（但是我們已經逐漸看出東方文化在這種世界文化裏所已有的和將來可望做出的貢獻）；可是它卻是當今的、現代的、具有時代意義和表現時代精神，容易通俗化和大衆化的；並且又對於我們的日常生活具有嚴重性甚至決定性的影響的。這樣的世界文化本身當然不是十全十美，甚至到處含有瑕疵，顯露着當今人類文明的困境與敗跡；可是由於它支配着現代人的心靈和行爲，因此任何一個文化中的哲學思想必須要能够面對這種普及文化的刺激與挑戰——對它加以闡釋、批判、斟酌、吸收，並且進一步指導其發展；這樣，該一哲學思想才能有力地銜接現代人的經驗，經得起時代文明的挑戰與考驗，與當今的文化發展比肩並進，一起發揚。這樣的哲學思想才能爲現代人提供生命價値和文化理想上的指導原則，才不致於只淪爲安放在感情的保護罩下的古董的玻璃花朵，從唯美的觀點看來也許是千古奇構，無價之寶；可是卻缺少一種時代的生命；只能供給一些有閒情逸致的人隔窗遠遠觀賞而已。也唯有如此，在傳統與現代之間才不致產生一種難以踰越不易彌補的文化斷層。當今的中國傳統哲學，以及以傳統中國哲學爲根基的中國文化，不可謂距離這種文化危機仍舊極爲遙遠。

我們無法在本文的篇幅裏詳細討論上述這種世界性、時代性的普及文化：其起源、發繁、特色、品質、缺陷、走向以及將來發展上的種種問題。不過有一點在我們探究中國哲學的現代化和將來的拓展問題時，卻不可不加以特別留意和小心關注的，那就是科學在當今的世界文化裏所扮演的顯性角色和催生功能。在我們這個時代，科學比其他任何的文化建構，都要超越國界、種族和歷史文化；它的成就（尤其是科技的成就）比其他的文化建樹，更受人普遍接受和一致讚賞。我們可以說，就是因爲科學——事實上是科技——的輝煌成就，使一般人對當今的世界文化全心擁護無法抵擋；也是爲了必須對科學——事實上主要是科學精神與科學理論——的基礎做出合理的交待，今後的中國哲學工作者必須特別着重知識論或知識形上學（而不是知識社會學）的拓建與開發。這是我們接着要提出來加以扼要論列的。

第三、中國傳統哲學所面臨的另一層危機——說不定也是最根深蒂固的危機——就是遲遲未有健全的知識論出現，因此在今天對於科學無法做出合理的品鑑與批判，對於科學的系統建構與理論發展一直未曾提供有用的生成基礎和證立依據。

自古以來哲學（不論是東方哲學或西方哲學）一直與生命的智慧息息相關；可是這種生命的智慧卻不能輕易脫離人類的經驗（科學）知識，而不失卻或犧牲它在現實世界上和實際生活裏的可行性和有效性。在以往的時代，當人類的價值取向和行爲準則，主要是由傳統文化中的哲學思想或宗教信條所支配，而不是由人類日新月異的經驗知識所指導的時候，這種傳統的生命智慧和人類的經驗知識之間的脫節，尙未顯現出太過無法通融之觀念衝突和信仰矛盾。比如中古世紀的西洋哲學就忽略許多經驗知識上的發現，只圖建立自圓自足的獨斷體系。同樣的，中國哲學之發展也一直沒有對經驗知識的問題多加理會。當然這些全都有其歷史的背景和時代的因素。比如希臘的科學文明隨着國勢衰微而湮沒，基督教的興起又適時提供統御思想的基礎；在中國方面，科舉的制度專重傳統的思想（尤其是儒學），而哲學中的顯學又以成德成聖或經世濟時爲要務，絕少以開發知識發掘客觀眞理爲號召；然而，最重要的是經驗知識的巨大「力量」仍然未顯，道德、宗教以及種種權威的至上統攝依舊。可是，在西洋這種局面經過了文藝復興、宗教改革、啓蒙運動等時期的許多有識之士的大聲疾呼和努力倡導之後，已經完全改觀（到今天，甚至有矯枉過正的弊端顯現）；尤其是現代科學的澎湃發展之後，人類對經驗知識的見解和評價產生絕大的變化。知識從處於道德、宗教及其他權威之附庸地位，逐漸抬頭，慢慢躍登人類文化的最高寶座。「知識就是力量」成了人們對經驗知識的普遍共識，「爲眞理而眞理」表現了人們努力要使知識擺脫其他權威的羈絆之呼聲。

科學是人類經驗知識的系統化和理論化，也是經驗知識的典型樣式和高峯表現。因此在一個重知識的時代，我們的哲學思想必須能够對科學的生成基礎、建構條件、證立依據和發展方向等等，有所解析，有所闡發，有所批判，甚至有所啓發和有所規劃。這樣一來哲學的智慧才緊密地和人類經驗知識關繫起來，互通氣息，共享成果。不然的話，哲學的思想體系容易走入故步自封的道路，甚至陷於「以經解經」，結繭自縛的困境；這時儘管體系內部仍然可以除舊添新，自求發展，可是從哲學的實效功能上看——從哲學與其他領域的相關性看——那樣的哲學體系只是一個封閉的系統，既不易與現代人的經驗密切契合（見上文），充當人們立身處世的指導思想（因爲現代人絕大部份都相信「理性」或「理性化」的基本要素是以知識做爲行爲的主要依據之一），同時也不容易銜接現代的世界學術，尤其不容易與當今的西方哲學在問題上產生緊密的溝通，在解決方案上有準確精細的比較（此點我們就要在下文裏道及）。

西洋的哲學在希臘時代曾經有個很健全的開始。起初哲學和科學並無明顯的區分，它包羅了生命的智慧和人間的知識。等到哲學的內容和問題逐漸確定之後，它和當時的科學發展之間又保持着密切的關係——柏拉圖對於數學的重視以及爲人類經驗知識之性質和基礎所提出的闡說；亞里士多德創構邏輯做爲衍發和解析知識的工具，以及他注意當時科學的基礎問題，特別是物理學和生物學的問題。這類探討直接幫助塑造他的自然哲學，甚至也影響他的政治哲學、道德哲學和藝術哲學。這些都是我們所熟悉的事。在闡揚哲學思想和構作哲學理論的時候，心存當時科學的發展，冀求對人類知識有所闡發，有所批判，有所證立；這是希臘哲學中重知性重理性的傳統。這個傳統直到羅馬帝國時代前期依然還有相當程度的發揮。不幸中古世紀的宗教獨斷大大削弱了這個傳統，使哲學在大多數的情況之下，淪爲閉關自守的封閉系統，沒有和經驗知識產生密切的關聯。這種桎梏不但妨礙了哲學的全面發展，同時也令理論科學停滯不前（雖然實驗科學仍然有所發展，科技也有進步）；因爲哲學與科學之間缺乏彼此刺激的功能，沒有了互相輔助共同發展的環境。

可是由於科學和觀察實驗無法分家，它又有技術發明（科技）在那兒興風作浪，推波助瀾；因此雖然經過漫長的中古世紀的沉睡冬眠，現代的（理論）科學終於慢慢發芽滋長，枝繁葉茂，蔚爲奇觀。

從西方哲學發展的觀點看來，文藝復興時期的努力確是一種創新，但同時也是一種復古——接續和恢宏希臘的文化，尤其是返回希臘的人文主義和希臘的理性主義（包括重知的傳統）。它爲西方的哲學修補了荒廢將近千年的斷橋，使希臘精神重新灌注人間，重新在當時的知識界和思想界裏發生醞釀催化的作用。等到現代科學的異軍突起，西方的哲學更能及時迎頭相接，共謀發展。笛卡兒的「沉思」，培根的「新工具」，以及接着興起衍發出來的哲學體系，在在表現出這種重（經驗）知識重科學的傳統。哲學家不只玄思無際，閉門造車，他們更能銜接人類其他知性建構的發展，爲其提供生成基礎和證立根據。這樣的傳統一直保持至今，中間雖然或有曲折小乖，但其主要精神卻能連緜不絕，日益光大。

可是反觀中國傳統哲學的情況。春秋戰國時代，曾經生氣蓬勃，百家爭鳴；其中也有些思想學派重視經驗知識，探求人類知識的理論問題。可是歷史並沒有給予中國先秦的各派哲學家充分的時間，完整地建構他們的思想體系；不斷的戰亂憂患更令這些思想的記載簡斷篇殘，飄零失散；加以秦火浩刼，面目全非。等到漢代罷黜百家，獨尊儒學之後，中國哲學的命脈，從此又多添一層知性上的蒼白貧血的色彩；從此，中國的哲學幾乎與經驗知識的發展斷離，差不多和科學的思想絕緣；中國的哲學家一貫主求成德成聖，內聖外王；他們深切體悟主體性的眞實，追求內在的崇高價值；可是卻大大忽視客觀的外在世界之純知探討，也不追問由此探討所得的知識之性質和建立基礎。儘管在中國哲學思想的發展史上，也曾經有過道家的轉折和佛學的傳入；可是由於不重經驗知識的哲學闡釋這一傳統已固，道家的屢次抬頭和佛學的吸收與發揚，並沒有爲中國的哲學傳統添加有系統的自然哲學和比較全面的知識論；這些哲學體系內部的思想曇花曾經優美顯現，可是從中國哲學的整個傳統的發展看來，最後似乎也只是爲中國的人性論（包括心性論）和道德價值的可行性（可實現性）提供另一層有力的闡釋和形上基礎而已。甚至，等而下之，道釋之學以及對其思想的牽强附會，往往淪爲中國這個飽經憂患的民族在忍受苦難時，用來自我安慰的藉口，充當逃避現實的天堂。

中國的歷史充滿着戰亂與改朝換代，中華民族往往處於長期的苦難與憂患之中，加以統治重集權，思想尙一尊，政治又與學術緊密關聯；久而久之，中國雖然沒有西洋中古世紀那種宗教桎梏，可是在中國人——尤其是中國讀書人——的心靈深處，一股憂傷的歷史意識和一層無助（雖然不是無望）的生命悲情，卻長久籠罩淹蓋，纏繞不去，形成一種無形的力量。這種力量不但感染個人的生命抉擇，同時也影響整個民族的價值取向。中國文化的傳統發展似乎一直擺脫不了這種憂傷的意識和無助的悲情。在這個傳統之下，經驗科學的遲遲不前與哲學思想之趨向成聖成德之心靈內在的追求，往往變成互因互果，交涵相生。哲學似乎無法對外在世界打開一條出路；哲學家既不能指引我們徹底瞭解這個世界，又不能有效地帶引我們改造這個世界；於是接受哲學薰陶的讀書人在無助無力的情況下，往往只剩下那彰善癉惡的滿腔熱情和那體認艱難的悲切心懷。我們可以說，中國的哲學隱含着一種悲愴的性格。

如果我們說西洋的現代哲學由於擺脫了中古世紀的宗教束縛，產生如此生氣蓬勃的發展；那麼我們是否也可以設想一下，中國的哲學是否也該突破傳統的困境，脫殼而出，自由發展？如果我們讚揚西方的文藝復興，使希臘精神重新灌注到西方文化傳統的大流裡；那麼我們是否也可以探索一下中國的文藝復興的前景？（把中國近代的新文學運動說成是中國的文藝復興，顯然過分膚淺；尤有甚者，提倡白話文而沒有緊接發起中國古典的白話選譯，是否正是助長中國傳統文化與當今的文化產生斷離現象的主要因素？）可是，中國文藝復興要向什麼哲學思想去「復古」而推陳出新呢？我們要復興什麼？怎樣去復興？這是當今中國哲學的工作者應該努力去思考去尋索的。

我們在上文裏暗示過，像「中國哲學的現代化」這樣的說辭常常沒有準確精密的內容。可是如果我們妨照西洋哲學的情況，把它擺脫中古的束縛向前發展算是其「現代化」之始（比如我們稱該時期爲西方的現代哲學之始，稱笛卡兒爲西方現代哲學之父等），那麼我們或許可以在比擬之下，看出中國哲學之「現代化」的比較精確的意義。不過，如果我們承認這個比擬算是合理的話，這是否表示中國哲學的發展在西方哲學的比對之下，似乎遲緩落後了一些，而應該努力去迎頭趕上急起直追呢？這也是值得我們當今中國哲學的工作者深思細慮的事。

也許有人認爲拿中國哲學來和西方哲學做這樣的比較對照，對中國哲學來說是不公平的——要怎樣拿西方哲學來和中國哲學比較對照，對西方哲學來說算是不公平的？——因爲中國哲學和西方哲學具有各自的特色和不同的關照點。這個觀察和斷言當然不錯，不過我們可不可以進一步發問：凡是做爲一種哲學思想，不管是中國的也好，西方的也好，除了自己原有的特質而外，是不是應該同時也具有一種普遍的特質和共同的關懷點？尤其是在今天，一種普遍的世界文化正在形成、擴充和穩固發揚，人類慢慢擁有一種共識與共信，不同文化的人們之間的關係比以往更加親近密切，彼此的命運更加息息相關；哲學也因而比以往更具有共同的意義和普遍的功能；不管是從唯美的觀點來看，或者從實效的角度去衡量，不同文化所發展出來的哲學，逐漸有更確定和更客觀的比較標準和參照指標。從這個想法出發，那麼卽使我們不假定歷史（包括哲學的歷史）

具有某種進展上的固定歷程，因此可藉之衡量某一文化中的哲學之「現代性」或「進步性」；我們也可以從一些愈來愈可令世人贊同和接受的標準，來評鑑一個哲學系統的優越和一個哲學傳統的發達。中國的哲學的確與西方的哲學不同，可是並非不同的事物就不能拿來互相比較，尤其不是因爲兩者各有自己的特色，因此就不能評鑑各自發展的程度（比如「現代性」、「進步性」等等），不管是從唯美的觀點看或從實效的觀點看。

一九八一年十一月七日

香港中文大學哲學系

從方法論的觀點看

社會科學研究的中國化問題

一、對題目的初步闡釋與釐清

在討論正題之前，讓我們對本文的標題加以初步的闡釋與釐清。此擧一方面可以用來排除某些容易產生的誤解，另一方面也可以方便正式討論的進行。

首先讓我們指出，我們所要談論的，不是：

(1) 社會科學的中國化

而是：

(2) 社會科學研究的中國化

表面上看來，(1)與(2)兩者的區別至爲明顯，因此不需費事費神，多加討論。(1)所牽涉的是某種學說、理論、系統，或是這些項目的組織、安排或綜合；可是(2)所關聯的卻是某種程序、方法或活動。倘若我們在(1)上有成，那麼我們可以有「中國社會科學」——比如「中國社會學」、「中國心理學」、「中國經濟學」等等；以別於「西洋社會學」、「西洋心理學」、「西洋經濟學」等等；或者別於「印度社會學」、「印度心理學」、「印度經濟學」等等。倘若我們是在(2)上面有成就，那麼我們有的是「社會科學的中國研究」——比如「語言學的中國研究」以別於「語言學的西洋研究」或「語言學的日本研究」等等。

經過這樣的簡單展開，表面上看來似乎清晰明顯的區分，內裏卻已經隱約出現了多重的問題。比如，我們可以發問：

(3) 社會科學的中國研究是否自然（自動，必然）形成中國社會科學？或是只形成社會科學的「中國版本（樣版）」？或者兩者都未必？

(4) 在什麼意義和在什麼情境（條件）之下，社會科學的中國研究足以形成中國社會科學？在什麼意義和在什麼情境（條件）之下，則否？

不僅如此，我們還可以繼續發問：

(5) 爲什麼「社會科學的中國研究」聽來比較自然，好像沒有什麼不妥之處；可是「中國社會科學」就似乎聽來刺耳，問題叢生？（「社會科學研究的中國化」與「社會科學的中國化」，也許情形亦頗類似）。

(6) 如果我們可以有「中國社會科學」，那麼人家是否一樣可以有「荷蘭社會科學」、「印度社會科學」、「阿根廷社會科學」等等？我們能不能進而有「臺灣社會科學」、「山東社會科學」……甚至「臺北社會科學」、「多山社會科學」等等？（「社會科學的中國研究」是否也帶出類似的問題？）

(7) 可是，倘若我們不可能有「中國社會科學」，為什麼我們卻有「中國哲學」、「中國藝術論」、「中國文字學」等等？兩者的根本差異何在？

假如我們認眞試圖解答這些問題——以及其他類似的問題，我們就很容易發現：我們現在所要討論的，原來不是一個意含單純，層面固定的題目。其中所牽涉到的概念，往往引發出更進一層的概念；所涉及的問題，往往關聯到更加基本的問題。

接着讓我們注意一下「中國化」一詞在我們的題目裏，具有什麼意義。

「中國化」和「西化」（「西方化」）是兩個對等的語詞。兩者除了認知內含互異，情緒感應分歧而外，理應具有相似的用法和一般文法上和邏輯上之特質。因此，讓我們首先考察一下「西化」一詞的某些用法與特質，從而釐清「中國化」一詞的意義。

假如有人認為：我們若要現代化，必須採取西化的途徑。這時，「西化」一詞使用得頗為抽象，而又籠統。我們無法準確地道出，到底我們必須增加些什麼，減少些什麼；引進些什麼，排除些什麼；向什麼領域去拓展，從什麼方向轉彎回頭等等，才算得上從事西化。不僅如此，所謂西化——即使已經標明是「全盤西化」——到底包括那些範圍？軍事固然要西化，政治顯然也要西化，教育或許也要西化；可是其他的文化項目和生活內容呢？思想要不要西化？信仰要不要西化？行爲要不要西化？語言文字要不要西化？衣着服裝要不要西化？飲食習慣要不要西化？表情手勢要不要西化？也就是說，當我們談論西化時，什麼東西要化？要怎麼化？

軍事的西化固然要改用西洋的槍砲，然而是否因此就不能使用孫子兵法？政治的西化固然要提倡民主、自由與人權，然而是否因此就不能講究修齊治平，內聖外王？教育的西化固然要大量引進西方的文、理、工、商的專門知識，然而是否因此就不能攻研我們自己的經、史、子、集？也就是說，西化是不是意味着對自己文化的根本捨棄？或者我們可以取長補短，甚至「中體西用」？

像這類我們談論西化時所面臨的問題，在我們談論中國化時也都會遭遇到。不僅如此，現在我們所要討論的「社會科學研究的中國化」，另外還碰到一些其他的重要問題。

第一，當我們立意富國強兵，心存社會繁榮，人民富足而提倡西化的時候，我們不只在談論理想境界，而是以西方國家或西方社會的成例，做爲我們的榜樣或努力的目標。也就是說，在我們的構想上，我們對於西化若能成功所可望達到的境地，有一個現成的（目前存在的，或是歷史上存在過的）參照點。可是，當我們在探討社會科學研究的中國化時，有沒有這類的現成的參照點？如果有的話，那是什麼呢？如果沒有的話，我們是否至少必須提出一個模擬的目標？

第二，當我們致力於西化時，我們覺悟到自己之不足，而想藉他山之石，以利自己之改進與革新。那麼，當我們談論社會科學的中國化時，我們所感到不足的是什麼？我們所要藉助的，這回不再是他山之石，而是己域之方。而這些又是什麼呢？

第三，在國計民生上，我們談西化，意含甚爲清楚；倘若我們在此等事務之上談中國化，則立意含糊，不明所指。正好像在日本談漢化（中國化）和西化，都具有很鮮明的意含；可是如果在日本談論它的和化或日本化，則顯得不知所云一樣。而今，我們在中國的社會科學研究的環境裏，卻要談論此等研究的中國化。我們這麼做，倘若不是無心之過或大意之失，那麼這是否假定目前我們所做的社會科學研究，不是一種「中國式」（或「中國化」了）的研究，至少不是一種典型的中國式的研究？這時，我們就跟着要發問：怎樣的研究算是中國式（或中國化了）的研究？中國式的研究之特色在那裏？

這些問題帶引我們走向另一件我們要在此略做釐淸的事。

中國化的問題正好像西化的問題一樣，有許多不同的層次和進行方向；因此，對它的討論也可以採取不同的角度和觀點。我們在題目裏標明，我們是要「從方法論的觀點」來討論社會科學研究的中國化問題；因此，當我們發問怎樣的研究算是中國式或中國化了的研究之時，我們心目中所要追索的，主要是：有沒有所謂中國式或中國化的研究方法——特別是社會科學的研究方法？如果有的話，那是些什麼樣的程序或準則？它們的特色又怎樣？這類的問題將是我們所關心注目的問題。

不過，一談起方法論的問題，有一件事應該立即加以澄清。通常所謂方法，有廣義和狹義兩個層面，又有一般和特殊兩個廣度。從狹義的層面來說，所謂方法指的是成就某事所需的技術、策略或程序。比如，接枝法指的是栽培植物的一種技術，遠交近攻法指的是軍事政治上的一種策略，輾轉相除法指的是數學演算的一種程序。我們知道，在任何學科裏頭，都有各自不同的技術、策略和程序；比如收集資料的辦法，整理資料的過程以及採用資料的判準等等。這些固然都在方法論的範圍之中，可是通常只構成某一學科的方法論中的「運作途徑」，而沒有構成它的理論基礎或理論骨幹。這是狹義的方法論。

廣義的方法論在於探討理論的形成、理論的結構、理論的功和能、理論的語言、理論的成立或核證基礎以及此種證立的形式條件和所用的邏輯。一般所謂的「科學方法論」，指的理應是這種廣義的方法論。此一意義的方法論，包羅的範圍甚廣，牽連的問題甚多。比如概念的形成，基本概念的選擇與其標準，基本概念和其他衍生概念之間的關係；科學定律的性質和種類，科學理論的作用：其說明、預測和組織經驗的功能；科學理論的語言結構和其中各項目的語意方面和語法方面的特質與關係；科學假設的檢證：演繹邏輯的選擇與應用以及歸納法的功能和成立基礎等等。這些問題——以及類似這些的其他基本理論問題——全都屬於廣義的方法論的範圍之中。

我們在上面說過，方法論還可以從它所適用或專注的範圍，區別爲一般方法論和特殊方法論。

很粗略地說，「一般方法論」就是通常所說的思想方法（應稱爲「思想方法論」）。它是討論思考或解題（解決問題）的一般原理和原則。除了平常我們所謂的邏輯——包括演繹邏輯和歸納邏輯——之外，舉凡思想的結構分析、解題方法的分類、語言和思考的關係說明、語言在建構理論上的功能和限制之探究、思想謬誤的解析以及理論之功用、成立條件和取捨標準等等，全都屬於一般方法論的範圍。簡言之，人類一切的研究活動、信念的理論化以及概念的系統化，全都落在一般方法論的統轄範圍之中。

跟一般方法論相對立的，就是特殊方法論。所謂「特殊方法論」指的是每一個學科或領域所獨有的方法論。比方，在歷史的探討上，有「史學方法論」；在文學的研究中，有「文學批評的方法論」；在哲學的討論裏，有「哲學的方法論」。這些顯然是我們所熟悉的事，因此不必多加解釋。

不過，由於上述的兩個方法論分類，是基於不同的標準而做的。所以，配列起來，我們就有四個不同廣度和不同層次的方法論。它們是：(1)廣義的一般方法論，(2)狹義的一般方法論，(3)廣義的特殊方法論，(4)狹義的特殊方法論。

值得注意的是，方法論本身也是人類文化的產物，它們也在不斷發展改進之中。事實上，一個時代一個文化或者一個社會裏的學術動向和內容發展，往往可以由該時代該文化和該社會中的學術界所接受運用的方法論，窺其端倪。比如，有些方法論標示出重分析重經驗的文化取向，另外有些方法論則呈現出重直覺重統觀的文化傳統。通常，從一般方法論，我們可以看出某一時代（文化或社會）中的學術精神；從狹義的方法論，我們則可以比照衡量某一學科領域在發展上的成熟程度。這就是說，現成的方法論並不是一些絕對的，不容檢討修訂的指導原則；它們只是在現階段人類用來開拓思想，進行研究，建立知識和解決問題的慣用策略和習見原理。它們是些既成經用的原理原則，不一定是完全符合理想的，理該如此，必然不可改變的原理原則。

由於我們在上面將方法論一分爲四，因此，我們要從方法論的觀點來探討社會科學研究的中國化問題時，事實上也可以在相應的四個層次或意義上，加以考察。

二、為什麼產生中國化的問題

「中國化」一詞，正好像「現代化」和「西化」等語詞一樣，表面上看起來鮮明淺顯，通俗易解；可是認眞思想起來卻又含藏着歧義、含混以及模糊而不準確的內涵。

首先我們注意到，當我們要提倡某一項目的中國化的時候，我們顯然假定或斷定該項目不是中國式的，或者不够中國式。那麼，當我們要提倡社會科學研究的中國化時，我們到底對目前我們的社會科學研究，懷有什麼不滿——認爲它在那一個層次或那一個意義之下，不是屬於中國式的，或者不够顯現中國式的風格？

一般注意這類問題的人，或多或少有一個共通的感覺，認爲我們的社會科學家絕大部份是在西方（尤其是英美）接受專門教育的。他們很自然地採取從西方學來的理論，做爲瞭解社會現象的依據。他們不論在研究上、教學上或是寫作上，不可避免地使用外來的概念，套用外來的理論，運用外來的方法，甚至不知不覺地採取外來的基本假定。這些社會科學家之中，能够在應用西方的概念、理論和方法的時候，兼顧到中國的社會現象，已經屬於難能可貴；眞正能够擺脫西方傳統，推陳出新，建立富有中國特色的成果者，實在絕無僅有。有些社會科學家甚至只在西方的脈絡中打轉：體察西方的社會現象，接受西方的社會科學理論；採取西方的社會科學理論，還原到西方的社會現象。這樣的循環，在高等教育和專門研究之中，特別容易顯現出種種弊端。比如我們的大學和研究院在社會科學方面，容易只是栽培西方式的專家，甚至附會西方的隨從之士；同樣的，我們在這方面的專業研究，也容易只變成西方研究的延長，甚至淪爲它們的「添足」。於是，有些有識之士和有志之士對這樣的現象憂心忡忡，希望能够設法爲中國的社會科學研究，找出一條比較健康的道路來。

因此，從提倡「社會科學研究的中國化」的動機來看，目前我們顯然不是起於所謂「傳統主義」的作祟，認爲我們的文化裏含有一切的學問和眞理；也不只是起於「中體西用」的願望，冀求在中國的現代化過程中，保留我們固有的文化主體和價值方向；更不是因爲義和拳的幽靈重現，認爲一切屬於中國的就要維護，同時凡是屬於西洋的就要打倒。我們提倡社會科學研究的中國化，應該是基於社會科學的理論在證立上和在應用上的考慮（此兩者是息息相關的）。簡單地說，我們倡議社會科學研究的中國化，是基於方法論上的原因和理由的。

我們的許多社會科學家接受了西方的訓練，他們所熟悉的是西方的理論。西方理論是西方文化的產物。西方的社會科學家在經營他們的學說理論的時候，很自然地專注他們文化裏的現象，即使他們能够兼採其他文化裏的資料，也往往只能根據其本身的概念架構，來加以收取和接納。於是，當我們取得他們的理論，想要應用到我們自己的文化脈絡裏的時候，有時我們會發現許多西方的理論未能完好地照顧到中國的社會現象，甚至和我們的社會「事實」格格不入。這時，我們的社會科學家顯然有一份責任，指出這些學說理論的不盡完善，並且進一步運用自己所掌握的材料，對那些理論提出適當的補充和修正。當我們這麼做的時候，顯然不是在計較到底是「西學」或是「中學」；不是在心理的層次上打轉。這時我們的主要考慮是理論的說明力和廣含度，這是方法論上的事。

不過當我們這麼做的時候，卻有一個背後的假定：社會科學並不是分中西，或者理應不是分中西的；我們並不區別西方社會科學和中國社會科學；最多我們只區別在西方發展出來的社會科學和在中國發展出來的社會科學。因此我們可以將西方發展出來的理論，拿來在中國的脈絡裏求取「應用」；以中國的資料印證西方的理論。倘若西方有西方的社會科學，中國有中國的社會科學，那麼拿西方的社會科學理論到中國的脈絡，就變成一件沒有意義的事了。也因爲這個緣故，我們談論「社會科學研究的中國化」，比起談論「社會科學的中國化」，似乎顯得切題實在得多。

所以，我們當前的任務似乎是在儘可能地挖掘中國的社會「事實」，收集中國的社會資料，觀察中國的社會現象，以便用來驗證由西方移植而來的學說理論，並且在必要時對那些理論加以修定、改正和擴充。可是，這些既然屬於方法論上的事，爲什麼卻要強調是「中國化」裏的一個課題呢？

爲了回答這些問題，讓我們首先簡單討論一下幾個有關的方法論上的問題。

三、事實和理論

以前，有些方法學家持着一種極爲單純天眞而又理想化的想法，認爲所謂「事實」可以完全客觀無礙地加以認知。因此在建構理論，提出學說之前，一個研究者首先應該不帶成見地收集資料，然後客觀地對這些資料加以分析、歸類和組織，最後才應用「邏輯」的思考，根據所得的結果，構作理論，創立學說。

現在，絕大部份的方法學家都相信，上述的想法是錯誤的，因爲那樣的研究程序根本是不可能達成的。

就以資料的收集來說：首先我們知道，無論如何，我們沒有辦法收集到所有的資料，我們最多只能設法收集我們認爲跟我們的研究專題相干的資料。可是那些項目算是相干的資料，卻要由研究者加以判斷。這種判斷建立在我們的信念或知識的基礎上，而我們的信念與知識都牽涉到或精或粗、或科學或常識、或習得或自創的種種理論。

所以，卽使是資料的收集，也不是一種完全可以免除先前的「見解」（或稱「定見」、「成見」、「偏見」）的研究程序。

關於資料的收集或事實的認定，我們還可以從另一個角度來加以察看。資料的收集和事實的認定必須起於「觀察」（廣義的），可是觀察並不是一種完全「不戴着有色眼鏡」的活動。觀察——尤其是帶有目的的觀察——是件背景複雜，假設良多的程序。當我們懷着某種特定的研究目的，去從事觀察，尋取資料的時候，我們不只受了自己文化中習以爲常的演作方式所制約，同時也受到我們在專科裏習得的理論所左右。比如我們怎麼看（一種觀察方式），採取什麼角度來看，把什麼看成什麼，以及看到了什麼而沒看到什麼等等，都不只決定於我們觀察者的生理條件和外界的客觀條件而已。不但如此，我們的研究動機、預期的目標、以及我們基於有訓練的直覺所做出的先前判斷，甚至我們對某一理論學說的維護願望等等，都會影響我們觀察的程序和取證的結果。因此，我們可以簡單而籠統地說，「事實」的認定無法完全獨立於「理論」的取捨。

在資料收集的層次上尚且如此，至於對資料的分析和歸類等等處理手續，以及基於資料的理論創作，更顯現出伯樂與千里馬的交互關係。事實上，在成立知識的過程中，資料的收集、分析、歸類和其他的處理，以及理論的創作發明，彼此之間並不是階段分明，一事畢才有另一事生的單線發展。理論的創作包含了收集和處理資料的不斷比照和演發的程序；事實和理論是在不斷交互作用的發展演進的過程之中。

不過，我們卻不可將理論和事實之間的這種緊密關係過分簡單化，而走進一些哲學上的難局和另外一些方法論上的錯誤。比如，我們說的是：

（8）事實的認定無法完全脫離理論的構作和理論的取捨。

可是，這話並不涵蘊：

（9）事實無法脫離理論。

它也不涵蘊：

（10）事實是由理論所決定。

因爲像（9）或（10）這類的斷言遠比（8）強烈，它們不只是方法論上的說辭，而且也牽連到形上學的假定和斷言。

此外，我們也必須強調，所謂理論——特別是經驗科學（包括社會科學）的理論——並不只是一些特定數目的定律、定理或公式的結合。除了這些項目而外，一個理論或學說通常不可避免地假定着一些輔助的斷言，甚至假定着另外一些理論，而這些理論本身又帶有各自的輔助斷言。所以，在實際上的邏輯結構上來說，一個理論的組成遠較我們所想像的複雜。倘若我們採取「假設演繹」（hypothetico-deductive）的說明模式，而以Γ代表一集上述的定律、定理或公式（簡稱之爲「主要假設」），以C代表有待說明的事件之描述，那麼一個所謂「科學的說明」，其邏輯結構並不是：

(11)　$\Gamma \Rightarrow C$

其中「$\Rightarrow$」代表涵蘊關係。我們必須加入一些另外的假定$A_1, A_2, \ldots\ldots, A_K$（簡稱其爲「輔助假設」），上面所要表達的涵蘊關係才成立；也就是說，才能演繹地推論出C來。換言之，一個科學說明的邏輯結構不是上列的（11）——它是個過分簡單化的構想——而理應是：

(12)　$\Gamma, A_1, A_2, \ldots\ldots A_K, \Rightarrow C$

這時輔助假設的多寡，以及它們在一個理論當中易於爲人辨認出來的程度，往往因個別情況而差異甚大。不過，一般而言，社會科學的理論比自然科學的理論，往往包藏着更多更不明顯的輔助假設。

基於上述科學說明上的考慮，我們要把（廣義的）理論構想成爲主要假設和輔助假設的聯集，而不把它當作只是那些主要假設（狹義的理論）。這在我們討論社會科學研究的中國化的時候，具有重要的相干性。事實上，在一個理論不斷成長的過程中，主要假設和輔助假設的地位界分並不是永遠那麼明顯。比如，有時候，原來是輔助假設的，可以給吸取收納到主要假設之中。

四、理論的證立和捨棄

本來，「證立」應該和「反證」（或「否定」等）對立；「捨棄」應該和「接受」（或「接納」等）對立。可是，我們在這小標題上却沒有說「理論的證立和反證」或者「理論的接受和捨棄」，原因是爲了強調人類在創作和處理理論時，經常存在的一種不對稱性。

不論是基於實用上的需要，或是基於理論上的興趣，人類對於知識和理論存有開發、維護和彌補之心，遠甚於打擊、消除和捨棄之念。雖然明知現存的理論不夠圓滿，但是除非能夠想出一個更好的替代，否則我們仍然儘量保存現存的理論，努力加以補充和修正，而不輕易加以放棄。我們這麼做是有很多理由和原因的。比如：我們對於知識的建立寧願採取一種積極的態度和步步爲營的漸近方式，而不出以一種消極的態度以及不全則廢的極端做法。這一方面是價值取向問題，另一方面則爲了滿足人類在知識上有所依傍的需要。在人類還沒有現代的科學理論之前，常識性的學說已經大行其道；而今日的科學，正如羅素說的，却可能是明日的迷信。我們不能夠一味等待，直到有一天我們確知某一學說或理論一定是個顚撲不破的眞理時，才加以採信和接納。

事實上，這樣的一天是不可能來臨的。理論的證立和理論的否定都是件極爲煩瑣，牽連甚廣的事。如果我們存心維護某一主要假設，任何反面的證據都不足以推翻它；相反地，儘管我們有一大堆的明確資料，本身也演繹不出一個理論來。這情形可以表述如下（仍然應用「假設演繹」模式來說）：在前述（12）那種科學說明的結構中，不管C本身多完整多準確，由它自己我們推論不出Γ來，當然更談不上推出整個的理論出來。事實上，倘若我們所要處理的C是個有限的數目，邏輯上我們可以有無窮多的理論，足以用來推論出這些C。這種情形正好像通過一集有限數目的點，我們可以做出無窮數目的曲線一樣。當然在實際的情況下，可用的理論數目大大減少，因爲我們也要考慮這些理論與一些我們業已接受的其他理論之間，是否可以相容並存，一貫不駁。

倘若我們已經有了一個理論，其中的主要假設是Γ，可是我們接着所做的研究指出我們根據此一假設（和其他輔助假設）所做的預測並不實現，這時我們不一定直接推翻Γ，我們往往可以首先歸咎那些輔助假設，直到此一做法再也行不通爲止（比如這樣做引起了更多的說明上的難題），因爲當我們否定某一理論$\Gamma, A_1, A_2, \ldots\ldots, A_K$的論結C時（參見（12）），我們肯定了

(13)　$\sim C$

可是由（12）與（13），我們却無法得出

(14)　$\sim \Gamma$

我們只能得出

(15)　$\sim(\Gamma, A_1, A_2, \ldots\ldots, A_K)$

亦卽

(16)　$\sim\Gamma\vee\sim A_1\vee\sim A_2\vee\ldots\ldots\vee\sim A_K$

這時，倘若我們有心維護Γ，我們大可率先向 $A_1, A_2, \ldots\ldots, A_K$ 等輔助假設動手「開刀」。

不過這話並不表示，因此任何一個（主要）假設永遠難於遭人捨棄，因爲反證與捨棄是兩件事。如果我們能夠反證一個假設，我們固然要捨棄它；可是卽使我們無法反證一個假設，我們也可以將它加以捨棄——倘若我們構作出另外一個比它更美滿的假設。一般的情況是：每一個爲人所接受的假設，都有一些「盲點」或「死角」，一些它所不易說明的現象，甚至有些顯明的反面證據。接受這個假設的科學家，往往努力試圖做進一步的研究，希望減少這些盲點和死角（比如引介新的輔助假設或者輕微地修正主要假設），克服反面證據的殺傷力量（比如修改重要的輔助假設），以便令那假設繼續發揮其理論性和實用性的力量——直到也許有一天，它所不能說明的範圍越增越大，或者它所不能兼融的反面證據越加越多，科學家逐漸對它失却信心，遂生改弦更張之念。等到有了新觀念或者新假設的出現，足以超越原有的假設，科學家又慢慢投附在新的旗幟之下，努力經營新的理論。有時這種新觀念新假設的出現，甚至令科學的根本發生動搖，引起影響深遠的振盪，產生科學上的「革命」。本世紀的現代物理學之崛起，就是一個鮮明的例子。

當然，新成立的假設也不必然就是一個完整無瑕的假設——而且我們應該假定它不是。這是基本的科學心態之一——它仍然有它所不能或不易說明的事例。信持它的科學家仍然在努力尋索，以便爲它發掘更多更深的證據，彌補更多的缺點和漏洞。科學就是這樣日復一日地發展下去。科學家有時忙於已被接受的理論之向前開展；有時忙於對理論的懷疑和修補；有時忙於在分庭抗禮同時並存的敵對理論之間，做出合理的選擇；有時不惜發動「革命」，在觀念上或理論上改弦易轍。

這點認識對於我們談論社會科學研究的中國化，具有深遠的影響。

五、開架概念和局部理論

一個科學理論是一系統的語句（包括公式和對於「模型」的描繪）。科學理論中的語句用來表達命題，而一個命題的內容則是藉着概念與概念之間的關係呈現出來的。比如：

(17)　$F = ma$

代表「力」、「質量」和「加速度」之間的關係；又如：

(18)　$E = mc^2$

表示「能量」、「質量」與「光速」之間的關係。同樣地，

(19)（到了某界限之後）對某一固定的投資注入遞增的額外變量投資，則所得之

額外生產量遞減。（報酬遞減律）

表現了「固定投資項」、「額外變量投資」與「額外生產量」之間的關係；再如：

（20）一個城市中的犯罪率和其人口數目成正比。

則指出「犯罪率」和「人口數目」之間的關係。

一般而論，我們可以說，當一個科學家在構作理論或提出主要假設的時候，他至少必須從事下列兩種經營：第一，他必須運用概念去稱謂事項，組織經驗。這些概念可能是新創的，也可能是承襲沿用的；可以是在某一研究領域專用的，也可以是從其他領域裏借來的；可以是屬於較低的經驗層次的，也可以是屬於較高的抽象層次的；它們（從某一文化某一社會來說）可以是「固有的」、「本土的」，也可以是「移植的」、「外來的」。第二，他也必須設法將相干的概念加以釐清、定位和系統化，像上述（17）—（19）所示地，標定出概念與概念之間的關係。這類關係的確立與認定，一方面有賴於科學家對於經驗世界的考察和實驗；另一方面也要借助於他們對所得的資料和數據，所做的數學和邏輯的分析、綜合與佈構。

這裏所說的兩項活動，雖然不是獨立進行（更不是根據上述的次序，依次進行）；但是，唯有在第二類的活動有了成果之後，我們才可望獲得定律、定理、公式或我們所說的主要假設。所以，我們可以說，科學的理論建構之目的，就是要尋索建立底下這樣的關係式：

（21）　$\phi(\alpha_1, \alpha_2, \cdots\cdots, \alpha_n)$

其中ϕ是個n元關係，$\alpha_1, \alpha_2, \ldots\ldots, \alpha_n$ 是n個由ϕ所統攝的相關項。比如，應用列上述(18)所指涉的情境，我們就可以寫出下列關係式：

(22)　$f(E, m, c)$

這時此一f所表示的關係，可以利用「脈絡界說」界定如下：

(23)　$f(x, y, z) =_{Df} (x = yz^2)$

經過這樣的展示之後，我們知道，在科學裏與一般所謂的「概念構成」，主要是構作創造出用來指稱(21)中所示的 $\alpha_1, \alpha_2, \ldots\ldots, \alpha_n$ 等相關項的概念；在這些項目中，除了理論中的常數——比如普朗克常數h（即 6.63×10^{-27} 爾格秒）——而外，就是一些集或類。因此科學裏所使用的概念，除了ϕ中所含的邏輯概念和數學概念這種「形式概念」而外，其他「經驗性」或「質料性」的概念包括「個體概念」和「類概念」。在這裏，我們要特別指出類概念常常顯示出來的一種特質，就是它的「開架性」。

粗略地說，一個類概念（以下簡稱「概念」）起於我們對某類事物之本質性徵的認定。可是很顯然地，要認定某類事物的本質性徵，必須訴諸我們對該類事物的知識，動用關於該類事物的理論。然而我們的知識或理論卻在不斷的增長演進之中；因此，我們對事物的概念也隨着我們知識的拓展和理論的取捨而產生內容上的變化——雖然我們可能依然沿用舊有的語詞來名謂內容業已不同的概念。舉個簡單的例子來說：「魚」這個概念在常識性的構想中，和它在生物學的考察裏頭，就顯現出不同的內容。這就是說，我們所使用的概念，它的內容與含蓋的範圍不是「封閉的」，一成不變的；而是「開口的」或「開架的」，是可以增删修補的。這就是我們所指的概念之開架性。

這種概念的開架性值得我們小心注意，尤其是在做方法論上的檢討和考察的時候。因此，讓我們從另一個層次來觀察它。

一般我們可以從幾個不同的方面來考察一個語詞（特別是通詞）在語用上、語意上和在語法上的特性。從語意方面來看，最常受人注目的，就是一個語詞的外範（指謂、指涉）和內涵（意含、意義）。簡單地說，一個語詞t的外範，就是我們可以應用t來指謂稱呼的那些事物所構成的集（稱其為D_t）；至於t的內涵則是我們對D_t中的所有分子所共有而且特有的性徵（卽本質性徵），所做的認定（稱其為S_t）。所以，我們在上面所說的概念，可以化約成此處我們所說的內涵。我們以語詞t來指稱某一集的事物D_t，我們也使用t來名謂我們對D_t的概念S_t。在這個關鍵上，有幾件事值得我們留意：

(24) 對於某一特定的D_t而言，我們可以有不同的S_t。

這就是說，一個語詞的內涵並不是獨特的。一個語詞所代表的概念也是如此。這是因為可以有不同的性徵同樣都是某一集事物所共有而又特有的緣故。

由於這樣，有時我們雖然使用同一個語詞t（或其翻譯）來指謂同一個集D_t，但心目中卻可以懷有不同的概念。這點在比較不同系統中的概念時，顯得特別有關緊要。跨越系統的概念等同是件複雜多端的事。舉個淺顯的例子：在不同的文化系統中，「人」這個語詞（或其翻譯）所指謂的大約是同一個集（就是人類），可是不同文化之中所標示出來的人的概念——人性——往往就很不相同。

其次，讓我們注意下列的關係：

(25) 對於某一特定的 t 而言，S_t 決定 D_t。

這就是說，一個語詞的內涵如果確定了，其外範也就跟著給限定了。雖然(25)的逆式並不成立，也就是說 D_t 並不決定 S_t，但是我們卻要注意下列的事實：

(26) 對於某一特定的 t 而言，D_t 如果改變了，S_t 也可能跟着改變。

也就是說，一個語詞的外範如果改變了，其內涵也可能會跟着產生變化。這時該語詞事實上成了裝盛新酒的舊瓶。我們繼續使用同一個語詞，但是我們藉此語詞所傳達的概念已經不同。

這點跟我們在上面所說的概念之開架性，具有密切的關聯。舉些簡單的例子來說：在生物學尚未發達之前，人們應用「魚」這個字來指謂像鯉魚、鯖魚、鮭魚，……甚至鯨魚等等這些事物。那時人們心目中所懷的魚的概念也許是種具有某種習性，甚或某種外形的水棲動物。可是等到生物學的研究發達之後，我們要將鯨等水棲哺乳動物從魚的外範中排除出去，於是我們對魚的概念也起了相應的變化。再舉一個例子：在大約三十年前，人們在製作粉筆用的寫字板的時候，幾乎一概將之漆成黑色，因此大家都以「黑板」一詞來稱呼這些東西。那時在人們的心目中「黑板是黑的」是個必然的眞理，不可動搖的事實。可是時過境遷，現在許許多多粉筆用的寫字板不再塗成黑色了。甚至有一天，也許黑色的黑板變成絕無僅有。那時，「黑板是黑色的」不但不是個必然的眞理，而且相反地，是個顯然的假話。這就是說，「黑板」一詞的外範改變了，它的內涵也會跟着起了變化；人們心目中懷有的概念也會相應地變得不同了。

總之，我們可以說，一個（經驗性）概念的準確或精密內容是在該概念所在的系統（理論、脈絡）中標定的（包括界定、闡釋和系統內全體眞句對它的「隱含釐定」）。可是基於理論拓展和應用理論的需要，一個概念若只鎖存固定在一個封閉的系統中，而不能運用到其他的脈絡或擴大的系統之中時，那麼該概念就不是一個活的概念，而是一個僵化的概念；不能給人用來幫助知識的推展和理論的演進。因此，從方法論的觀點看，概念的開架性不但不是一種人類認知上的缺陷，反而是促進知識拓展不可或缺的成素。

基於上面所說的——讓我們回顧一下(21)——我們知道，概念之爲用主要在於組織經驗，構作理論，增進知識。因此，概念的重要性存在於含有它的命題之中。可是由於概念的開架性，包含它的命題也顯現出相似的開架性質——它的內容和所指的是否合於事實，是否與事實相融貫，是否有事實的支持，都不是獨立於理論和脈絡而固定不變的。所以，正好像跨越系統的概念等同是件複雜多端的事；跨越系統的命題移植也常常會「弄假成眞」，或變眞爲假。例如：

(27) 凡是黑板都是黑的。

這個語句是眞的或是假的？因此它所代表的命題合不合乎事實呢？又如下列的語句以及它所表示的命題又怎樣呢？

(28) 一個物體的長度與它的運動速度成反比。

凡是一個理論（或者一個主要假設）的構作，都起於創造或承襲某些概念，對它們加以闡釋與定位，尋找出概念與概念之間的關聯，將之做成關係式表達出來。在做這種理論建構的時候，我們不可避免地採用一些最能用來處理我們經驗之概念，做為理論的基礎或起點。這時，我們並不能夠事先預料到，日後我們會不會要將這些概念加以重新釐定，以用來組織新的經驗，應付新的發現；並且以這個爲基礎，建造更完整的理論。可是，無論如何，我們不能假定我們所構作出來的理論，對於我們所可望要處理的現象而言，是完整無缺的。我們必須採取與此相反的假定——這是科學心態的一種表現。因此，我們可以說，對於科學理想上的全面目標和最後寄望而言，每一個經驗科學的理論都是一個「部分理論」，或者「局部理論」；甚至可以名之爲「片面理論」。正好像我們在前面業已說過，每一個理論都有它的盲點和死角，都有它在說明上的困難，都有它的「無解的問題」。倘若這並不是一件顯而易見的事，讓我們將它當做方法論上一個基本假設——不妨稱之爲「經驗理論的無法完整性假設」。

由於我們所持有的總是些局部理論，因此我們常常發現有不同甚至敵對的理論並存同在。尤其是因爲一個理論總是和其他一些不同層次的理論掛鉤關聯在一起，因此我們往往必須考慮多個理論之間的融貫性，而不只計較某一特定理論的「眞實性」。所以，爲了成全人類知識上的大一貫，我們往往不惜——像前面已經說過的——更動輔助假設，而保全主要假設；甚至在理論的光照下，重新解釋「事實」，以迎合融貫的需要。從這個角度看來，「眞理的融貫說」是個比較值得採納的方法論上的主張。這在我們談論社會科學研究的中國化時，也是值得我們注意的事。

六、社會科學的特色

我們幾乎沒有聽說有人在談論「自然科學（研究）的中國化」，爲什麼我們却聚集在這裏討論社會科學（研究）的中國化呢？爲了尋求這個問題的答案，我們可以從社會科學的某些特色說起。

首先，我們知道，有許多人認爲社會科學所要研究的對象，比起自然科學所要研究的對象，遠較複雜而難以處理。這話本身雖然似是而非，但卻也能激發我們對這類問題的思索。（它之所以似是而非，主要是我們往往以不同的標準來比較兩者的研究對象；同時又誤解自然科學理論的特色與限制）。這種印象的形成，很可能是因爲社會科學理論（局部理論）在跨越時空或跨越文化的拓展上，常常遭遇到極大的困難所致。比如，在西方工業社會裏發展出來的經濟理論，往往

「不適於」第三世界開發中的國家；西方的民主理論，「不適合」中國社會等等。可是在這類現象背後，卻隱藏着幾個常常糾纏在一起的問題。讓我們在此將它們剖解開來，從而反映社會科學的一些重要特色：

第一，從最表面的層次看，有些（社會科學）理論常常不能自由地拿來做跨越不同社會和不同文化的應用，而又不失卻原有的「眞實性」和準確性。這時，可能有幾種情況存在。也許有一個假設：

(29)　$f(x_1, x_2, \ldots\ldots, x_m)$

在某一社會某一文化中具有極爲良好的說明力，因此是個爲人所接受的理論。可是，當我們試圖將(29)應用到另一個社會或另一個文化時，發現它再也不能直接應用而不失眞或犧牲精確。這時，也許我們可以將 $x_1, x_2, \ldots\ldots, x_m$ 等的某些（可能全部）項目，加以適度的調整，加以重新釐定或「解釋」，使得原來在(29)中所要標示的關係成立。可是，這時我們所證立的，嚴格說來已不再是(29)，而是：

(30)　$f(x_1', x_2', \ldots\ldots, x_m')$

其中任何一個 x_i' 或者就是 x_i，或者是由 x_i 加以重新釐定調整出來的項目。不過，我們可能依舊使用同一個語詞來稱謂 x_i 和 x_i'。由於概念的開架性質，這樣的重新釐定不但沒有方法上的困難，而且實際上經常發生。

另一種可能是，我們沒有顯明地做上述的重新釐定（沒有顯明地做並不表示這事沒發生），或者除了做出上述的重新釐定而外，我們在原有理論中的輔助假設上下功夫，將之加以增刪和調整。

有時我們利用上述的「手術」並不能解決理論上的困難。我們必須在所要研究的社會或文化中，重新考量相干問題的解決方案，提出新的假設。比如，相應於上述(29)所要對付的問題，也許我們構作出下列的假設：

(31) $g(y_1, y_2, \ldots\ldots, y_n)$

其中有些 y_i 可能就是某個 x_j，或其重加釐定的結果。倘若這個假設對於該社會或該文化中的現象具有良好的說明力，那麼我們顯然有理由接受它（做爲合理的局部理論）。

在這樣的情境下，(29)和(31)各自都是一個意義鮮明的局部理論。它們也許並不相容（不可同眞），但不一定矛盾敵對（既不同眞，又不同假）；它們也許彼此矛盾敵對，這時我們往往企圖追尋構作一種較爲高層的假設，比如

(32) $h(x_1, x_2, \ldots\ldots, x_m, y_1, y_2, \ldots\ldots, y_n, z_1, z_2, \ldots\ldots, z_r)$

其中任何的 z_i 有可能就是某一個 x_j 或 y_k（也就是說，有可能不需要 $z_1, z_2, \ldots\ldots, z_r$ 這些額外的相關項），而將(29)與(31)收納做爲(32)加上其他輔助假設的推論結果。也就是說，(32) 所構成的理論統合了——但不一定取代了——(29)所構成的理論和(31)所構成的理論。比方，中國和西

方也許分別有不同的經濟行爲律，現在我們構作了一個較高的層次的經濟定律，能够說明爲什麼中國與西方分別表現出各自的經濟行爲律所標示出來的經濟行爲。

上面這些話要是用來指出一件事：在社會科學和社會科學的研究之中，輔助假設、開架概念和局部理論具有比在自然科學和自然科學的研究中，更值得重視的方法論上的地位。

第二，當我們談論科學的研究對象時，我們往往想起一些外顯而直接或間接可以公開給大家觀察的項目。比如，物理事物之性質、人的行爲表現、羣體的特質等等。事實上，比較精確地說，我們在提出假設構作理論的時候，我們所要說明的雖然是「外在的」事件，可是我們所要把握，所要處理的卻是我們的經驗（我們已經說過，事實的認知是系統化，理論化的結果）。自然科學所處理的經驗是些感官經驗，社會科學所要處理的經驗除了感官經驗而外，還有一些可稱之爲「內省的」經驗。比如我們的意向、目的、意義、價值等經驗就是。一般的感官經驗對象到最後可以通過所謂的「實指界說」來達到互相比照和公衆認識的目的；可是內省的經驗對象就不能。因此，用來表示內省經驗的「內省概念」往往不能以簡單的方式，利用表示其他經驗的概念來加以界定或闡釋。（至於是否不可能做到，那是哲學上的「化約問題」，我們暫時不擬在此涉及）。所以，我們在做社會科學的研究探討的時候，往往不能只是認爲理所當然地以自然科學的處理一般經驗概念方式，去處理內省概念。我們往往得通過一些迂迴的方式，動用一些在自然科學裏絕少應用的基本假定或輔助假設——尤其是一些看來似乎不屬於經驗科學的理論，而是屬於方法上或哲學上的主張或臆測。比如語言結構的理論、普遍文法的理論、思維形式與心靈結構的理論。所以，像晚近「結構主義」在社會科學研究裏所引起的衝擊，就是一件值得我們注意的事。這就是說，社會科學比起自然科學更受方法論的主張或哲學上的思潮所左右。社會科學的研究帶着濃厚的哲學色彩。

舉一個簡單的例子：現在一般經濟學的理論假定着一個前設，就是人是理性的動物，人的經濟行爲是種「理性的行爲」。可是「人是理性的動物」是個哲學的理論甚於是個經驗的假設。倘若我們沒有這個假定（輔助假設），甚或明白否定此一假設（假定它的反面），我們所構出來的經濟理論將會大爲改觀。

第三點是關於理論的功用方面。當我們在品評一個理論的時候，有兩種功能是我們不能忽略的（當然，我們在決定是否採取某一理論的時候，還有其他的考慮），那就是該理論的說明力和預測力。說明和預測在邏輯的結構上雖然相同，但在知識論上的地位卻很不同。我們已經說過，對於一組特定的資料而言，我們可以有無窮多的假設，可是如果進一步要求一個假設必須也能兼顧那些在構作假設時所未知或沒有收集到的資料時，那麼就有許多假設會給淘汰下來。因此，許多人都轉而注意一個理論的預測力，認爲只要有良好的預測力的理論就是好理論。在社會科學的範圍裏（比如經濟學），也有許多人自覺或不自覺地採取這樣的立場。

不過，社會科學有一個特色：人自己是研究者，人自己的經驗——尤其是內省經驗——又是所研究的對象。因此，人對自己有種「切身的理解」，那就不單是理論的預測性所可以取代的。（這類的理解可能有一部份得自科學，但也可能也取自文學、宗教、哲學以及其他的人生體驗）。由於這樣，有許多人對社會科學的理論有一種要求，希望它不只是一些具有預測力的公式，而是能夠提供或幫助提供我們較全盤的「理解」的學說——對人的理解，對社會的理解等等。我們可以說，社會科學往往必須滿足一種文化上的需要，甚至歷史上的需要。如果我們不怕說得粗略遭到誤解，我們甚至可以說，我們對社會科學理論往往有種「普及化」、「大衆化」的要求。

爲了滿足這種歷史的、文化的要求，社會科學往往從概念的構成開始，就顯現出某一歷史或某一文化的特色，不僅在成就理論時，才揭露出它的特色來。

七、社會科學研究的中國化

如果我們在上面所陳述的不是沒有道理的話，那麼社會科學研究的中國化問題對我們而言，就不是一個可以視之等閒的問題。提倡中國化的目的，不在於標新立異，有意與西方不同，創造一種「中國的社會科學」。我們眞正的目的，可以說是要在中國的社會、中國的文化、中國的歷史脈絡中，促進社會科學的健全發展，爲社會科學（而不是「中國的社會科學」或「西方的社會科學」）的向前開拓，提供中國社會科學家獨特的貢獻。

在這樣的認識之下，我們在開頭發問的一些問題也就可以迎刃而解，不待我們在此詳說。同樣地，經過上面的討論，我們也可以看出社會科學研究的中國化，在實施的步驟上可望區分的層次和進行的程序。比如，我們在前面將方法論依照不同的層次和廣度，區分爲四種。因此我們可以從四個不同的着重點來考量中國化的推行策略和進行方向。這些問題的細節不能在此詳論，只好留待以後補充。不過我們要在這裏強調兩點，做爲這個討論的結束。那是有關概念的構成、和局部理論的經營的。

概念的構成乍看起來似乎直截了當，問題清楚。不過由於概念的開架性，它的內容以及它的演變可能和方向，往往要在很廣大的脈絡中才能決定。我們雖然不必有意排除西方的概念，存心剪斷西方的影響，但是我們必須正視一個事實，那就是：西方文化在概念上對我們已有的影響，可能比我們自覺到的更廣泛和更深入。中國的社會科學家不是進大學讀外文書，或者出國留學接受「深造」之後，才開始「西化」，才開始接受西方的影響的。我們從小的教育早已到處潛藏着西方的概念架構和理論系統。我們不僅以西方的概念來學習邏輯、數學和種種科學，我們可能連中文文法、中國歷史和中國哲學等等，都是穿套在西方的概念架構上加以認知的。這是我們不能不自覺到的。

其次，我們也得注意在進行社會科學的研究時，我們也不應該過分受西方的資料所限制。一方面西方的資料不能擺脫西方的概念和理論；更重要的是，我們必須盡力發掘中國社會和中國文化中的資料，不忌諱開拓在中國脈絡中健全證立的局部理論。這樣我們才能接着計劃去跟西方發展的理論，做出更高一層整合的可能。在這一考慮之下，我們除了必須關心目前發生在我們社會中的事件而外，可能更要積極對我們以往的「文化遺產」做一番重新認識和進一步瞭解的功夫。現在，讀古書不常受鼓勵，有一度甚至受輕視；可是如果我們不能在歷史文化上銜接我們固有的傳統，談論中國化還有什麼積極和深刻的意義？如果我們不能從方法論的根本處着手，我們的現象不也容易變成西方理論簡單、片面、甚至歪曲的應用？這時我們的研究不也容易變成他們研究的延長，甚至淪爲他們學說的「畫蛇添足」？

香港中文大學哲學系
一九八〇年十二月十八日

後記：本文係一九八〇年十二月二十二日在中央研究院民族學研究所主辦之「社會與行爲科學研究的中國化研討會」上宣讀的論文。該次研討會上擔任本文的評述人係劉福增教授。劉氏提出了一些引人進一步思想的問題，但是因爲大部份是哲學問題和甚爲廣泛的基礎問題，作者無法在本文的篇幅之內詳細陳說自己的見解以及此文所採取的立場之背後理由。不過有一點必須特別提出來，順便向劉氏致謝。他指出原文中(26)容易引起誤解，因爲我使用「會跟着」這樣的字眼；因此我現在將它重寫，並且明白陳示我的意思。「會跟着」三字也相應地改爲「可能跟着」四字。這是我對這篇論文唯一在內容上加以更動之處。

一九八一年六月十七日

滄海叢刊已刊行書目（八）

書名	作者	類別
文學欣賞的靈魂	劉述先	西洋文學
西洋兒童文學史	葉詠琍	西洋文學
現代藝術哲學	孫旗譯	藝術
音樂人生	黃友棣	音樂
音樂與我	趙琴	音樂
音樂伴我遊	趙琴	音樂
爐邊閒話	李抱忱	音樂
琴臺碎語	黃友棣	音樂
音樂隨筆	趙琴	音樂
樂林蓽露	黃友棣	音樂
樂谷鳴泉	黃友棣	音樂
樂韻飄香	黃友棣	音樂
樂圃長春	黃友棣	音樂
色彩基礎	何耀宗	美術
水彩技巧與創作	劉其偉	美術
繪畫隨筆	陳景容	美術
素描的技法	陳景容	美術
人體工學與安全	劉其偉	美術
立體造形基本設計	張長傑	美術
工藝材料	李鈞棫	美術
石膏工藝	李鈞棫	美術
裝飾工藝	張長傑	美術
都市計劃概論	王紀鯤	建築
建築設計方法	陳政雄	建築
建築基本畫	陳榮美 楊麗黛	建築
建築鋼屋架結構設計	王萬雄	建築
中國的建築藝術	張紹載	建築
室內環境設計	李琬琬	建築
現代工藝概論	張長傑	雕刻
藤竹工	張長傑	雕刻
戲劇藝術之發展及其原理	趙如琳譯	戲劇
戲劇編寫法	方寸	戲劇
時代的經驗	汪琪 彭家發	新聞
大衆傳播的挑戰	石永貴	新聞
書法與心理	高尚仁	心理

滄海叢刊已刊行書目(七)

書名	作者	類別
印度文學歷代名著選(上)(下)	糜文開編譯	文學
寒山子研究	陳慧劍	文學
魯迅這個人	劉心皇	文學
孟學的現代意義	王支洪	文學
比較詩學	葉維廉	比較文學
結構主義與中國文學	周英雄	比較文學
主題學研究論文集	陳鵬翔主編	比較文學
中國小說比較研究	侯健	比較文學
現象學與文學批評	鄭樹森編	比較文學
記號詩學	古添洪	比較文學
中美文學因緣	鄭樹森編	比較文學
文學因緣	鄭樹森	比較文學
比較文學理論與實踐	張漢良	比較文學
韓非子析論	謝雲飛	中國文學
陶淵明評論	李辰冬	中國文學
中國文學論叢	錢穆	中國文學
文學新論	李辰冬	中國文學
離騷九歌九章淺釋	繆天華	中國文學
苕華詞與人間詞話述評	王宗樂	中國文學
杜甫作品繫年	李辰冬	中國文學
元曲六大家	應裕康 王忠林	中國文學
詩經研讀指導	裴普賢	中國文學
迦陵談詩二集	葉嘉瑩	中國文學
莊子及其文學	黃錦鋐	中國文學
歐陽修詩本義研究	裴普賢	中國文學
清真詞研究	王支洪	中國文學
宋儒風範	董金裕	中國文學
紅樓夢的文學價值	羅盤	中國文學
四說論叢	羅盤	中國文學
中國文學鑑賞舉隅	黃慶萱 許家鸞	中國文學
牛李黨爭與唐代文學	傅錫壬	中國文學
增訂江皋集	吳俊升	中國文學
浮士德研究	李辰冬譯	西洋文學
蘇忍尼辛選集	劉安雲譯	西洋文學

滄海叢刊已刊行書目(六)

書名	作者	類別
卡薩爾斯之琴	葉石濤	文學
青囊夜燈	許振江	文學
我永遠年輕	唐文標	文學
分析文學	陳啓佑	文學
思想起	陌上塵	文學
心酸記	李喬	文學
離訣	林蒼鬱	文學
孤獨園	林蒼鬱	文學
托塔少年	林文欽編	文學
北美情逅	卜貴美	文學
女兵自傳	謝冰瑩	文學
抗戰日記	謝冰瑩	文學
我在日本	謝冰瑩	文學
給青年朋友的信(上)(下)	謝冰瑩	文學
冰瑩書柬	謝冰瑩	文學
孤寂中的廻響	洛夫	文學
火天使	趙衞民	文學
無塵的鏡子	張默	文學
大漢心聲	張起鈞	文學
回首叫雲飛起	羊令野	文學
康莊有待	向陽	文學
情愛與文學	周伯乃	文學
湍流偶拾	繆天華	文學
文學之旅	蕭傳文	文學
鼓瑟集	幼柏	文學
種子落地	葉海煙	文學
文學邊緣	周玉山	文學
大陸文藝新探	周玉山	文學
累廬聲氣集	姜超嶽	文學
實用文纂	姜超嶽	文學
林下生涯	姜超嶽	文學
材與不材之間	王邦雄	文學
人生小語(一)(二)	何秀煌	文學
兒童文學	葉詠琍	文學

滄海叢刊已刊行書目㈤

書名	作者	類別
中西文學關係研究	王潤華	文學
文開隨筆	糜文開	文學
知識之劍	陳鼎環	文學
野草詞	韋瀚章	文學
李韶歌詞集	李韶	文學
石頭的研究	戴天	文學
留不住的航渡	葉維廉	文學
三十年詩	葉維廉	文學
現代散文欣賞	鄭明娳	文學
現代文學評論	亞菁	文學
三十年代作家論	姜穆	文學
當代臺灣作家論	何欣	文學
藍天白雲集	梁容若	文學
見賢集	鄭彥棻	文學
思齊集	鄭彥棻	文學
寫作是藝術	張秀亞	文學
孟武自選文集	薩孟武	文學
小説創作論	羅盤	文學
細讀現代小説	張素貞	文學
往日旋律	幼柏	文學
城市筆記	巴斯	文學
歐羅巴的蘆笛	葉維廉	文學
一個中國的海	葉維廉	文學
山外有山	李英豪	文學
現實的探索	陳銘磻編	文學
金排附	鍾延豪	文學
放鷹	吳錦發	文學
黃巢殺人八百萬	宋澤萊	文學
燈下燈	蕭蕭	文學
陽關千唱	陳煌	文學
種籽	向陽	文學
泥土的香味	彭瑞金	文學
無緣廟	陳艷秋	文學
鄉事	林清玄	文學
余忠雄的春天	鍾鐵民	文學
吳煦斌小説集	吳煦斌	文學

滄海叢刊已刊行書目㈠

書名	作者	類別
國父道德言論類輯	陳立夫	國父遺教
中國學術思想史論叢㈠㈡㈢㈣㈤㈥㈦㈧	錢穆	國學
現代中國學術論衡	錢穆	國學
兩漢經學今古文平議	錢穆	國學
朱子學提綱	錢穆	國學
先秦諸子繫年	錢穆	國學
先秦諸子論叢	唐端正	國學
先秦諸子論叢（續篇）	唐端正	國學
儒學傳統與文化創新	黃俊傑	國學
宋代理學三書隨劄	錢穆	國學
莊子纂箋	錢穆	國學
湖上閒思錄	錢穆	哲學
人生十論	錢穆	哲學
晚學盲言	錢穆	哲學
中國百位哲學家	黎建球	哲學
西洋百位哲學家	鄔昆如	哲學
現代存在思想家	項退結	哲學
比較哲學與文化㈠㈡	吳森	哲學
文化哲學講錄㈠㈡㈢㈣	鄔昆如	哲學
哲學淺論	張康譯	哲學
哲學十大問題	鄔昆如	哲學
哲學智慧的尋求	何秀煌	哲學
哲學的智慧與歷史的聰明	何秀煌	哲學
內心悅樂之源泉	吳經熊	哲學
從西方哲學到禪佛教 —「哲學與宗教」一集—	傅偉勳	哲學
批判的繼承與創造的發展 —「哲學與宗教」二集—	傅偉勳	哲學
愛的哲學	蘇昌美	哲學
是與非	張身華譯	哲學

滄海叢刊已刊行書目㈡

書名	作者	類別
語言哲學	劉福增	哲學
邏輯與設基法	劉福增	哲學
知識·邏輯·科學哲學	林正弘	哲學
中國管理哲學	曾仕强	哲學
老子的哲學	王邦雄	中國哲學
孔學漫談	余家菊	中國哲學
中庸誠的哲學	吳怡	中國哲學
哲學演講錄	吳怡	中國哲學
墨家的哲學方法	鐘友聯	中國哲學
韓非子的哲學	王邦雄	中國哲學
墨家哲學	蔡仁厚	中國哲學
知識、理性與生命	孫寶琛	中國哲學
逍遥的莊子	吳怡	中國哲學
中國哲學的生命和方法	吳怡	中國哲學
儒家與現代中國	韋政通	中國哲學
希臘哲學趣談	鄔昆如	西洋哲學
中世哲學趣談	鄔昆如	西洋哲學
近代哲學趣談	鄔昆如	西洋哲學
現代哲學趣談	鄔昆如	西洋哲學
現代哲學述評㈠	傅佩榮譯	西洋哲學
懷海德哲學	楊士毅	西洋哲學
思想的貧困	韋政通	思想
不以規矩不能成方圓	劉君燦	思想
佛學研究	周中一	佛學
佛學論著	周中一	佛學
現代佛學原理	鄭金德	佛學
禪話	周中一	佛學
天人之際	李杏邨	佛學
公案禪語	吳怡	佛學
佛教思想新論	楊惠南	佛學
禪學講話	芝峯法師譯	佛學
圓滿生命的實現（布施波羅蜜）	陳柏達	佛學
絶對與圓融	霍韜晦	佛學
佛學研究指南	關世謙譯	佛學
當代學人談佛教	楊惠南編	佛學

滄海叢刊已刊行書目㈢

書名	作者	類別
不疑不懼	王洪鈞	教育
文化與教育	錢穆	教育
教育叢談	上官業佑	教育
印度文化十八篇	糜文開	社會
中華文化十二講	錢穆	社會
清代科舉	劉兆璸	社會
世界局勢與中國文化	錢穆	社會
國家論	薩孟武譯	社會
紅樓夢與中國舊家庭	薩孟武	社會
社會學與中國研究	蔡文輝	社會
我國社會的變遷與發展	朱岑樓主編	社會
開放的多元社會	楊國樞	社會
社會、文化和知識份子	葉啓政	社會
臺灣與美國社會問題	蔡文輝 蕭新煌 主編	社會
日本社會的結構	福武直 著 王世雄 譯	社會
三十年來我國人文及社會科學之回顧與展望		社會
財經文存	王作榮	經濟
財經時論	楊道淮	經濟
中國歷代政治得失	錢穆	政治
周禮的政治思想	周世輔 周文湘	政治
儒家政論衍義	薩孟武	政治
先秦政治思想史	梁啓超原著 賈馥茗標點	政治
當代中國與民主	周陽山	政治
中國現代軍事史	劉馥 著 梅寅生 譯	軍事
憲法論集	林紀東	法律
憲法論叢	鄭彥棻	法律
師友風義	鄭彥棻	歷史
黃帝	錢穆	歷史
歷史與人物	吳相湘	歷史
歷史與文化論叢	錢穆	歷史

滄海叢刊已刊行書目㈣

書名	作者	類別
歷史圈外	朱桂	歷史
中國人的故事	夏雨人	歷史
老臺灣	陳冠學	歷史
古史地理論叢	錢穆	歷史
秦漢史	錢穆	歷史
秦漢史論稿	刑義田	歷史
我這半生	毛振翔	歷史
三生有幸	吳相湘	傳記
弘一大師傳	陳慧劍	傳記
蘇曼殊大師新傳	劉心皇	傳記
當代佛門人物	陳慧劍	傳記
孤兒心影錄	張國柱	傳記
精忠岳飛傳	李安	傳記
八十憶雙親 師友雜憶 合刊	錢穆	傳記
困勉強狷八十年	陶百川	傳記
中國歷史精神	錢穆	史學
國史新論	錢穆	史學
與西方史家論中國史學	杜維運	史學
清代史學與史家	杜維運	史學
中國文字學	潘重規	語言
中國聲韻學	潘重規 陳紹棠	語言
文學與音律	謝雲飛	語言
還鄉夢的幻滅	賴景瑚	文學
葫蘆・再見	鄭明娳	文學
大地之歌	大地詩社	文學
青春	葉蟬貞	文學
比較文學的墾拓在臺灣	古添洪 陳慧樺 主編	文學
從比較神話到文學	古添洪 陳慧樺	文學
解構批評論集	廖炳惠	文學
牧場的情思	張媛媛	文學
萍踪憶語	賴景瑚	文學
讀書與生活	琦君	文學